# A PAIXÃO DE FORMAR

Blucher

# A PAIXÃO DE FORMAR

*Sobre o mundo psíquico do professor apaixonado*

Maria Cecília Pereira da Silva

3ª edição

*A paixão de formar: sobre o mundo psíquico do professor apaixonado*, 3ª edição

Editora Edgard Blucher Ltda.

*Publisher* Edgard Blücher
*Editor* Eduardo Blücher
*Coordenação editorial* Jonatas Eliakim
*Produção editorial* Ariana Corrêa
*Preparação de texto* Catarina Tolentino
*Diagramação* Negrito Produção Editorial
*Revisão de texto* Ana Maria Fiorini
*Capa* Leandro Cunha

**Blucher**

Rua Pedroso Alvarenga, 1245, 4º andar
04531-934 – São Paulo – SP – Brasil
Tel.: 55 11 3078-5366
**contato@blucher.com.br**
www.blucher.com.br

Segundo o Novo Acordo Ortográfico, conforme 6. ed. do *Vocabulário Ortográfico da Língua Portuguesa*, Academia Brasileira de Letras, julho de 2021.


Dados Internacionais de Catalogação na Publicação (CIP)
Angélica Ilacqua CRB-8/7057

Silva, Maria Cecília Pereira da

A paixão de formar : sobre o mundo psíquico do professor apaixonado / Maria Cecília Pereira da Silva. – 3. ed. – São Paulo : Blucher, 2022.

232 p.

Bibliografia

ISBN 978-65-5506-450-6

1. Psicologia educacional. 2. Professores e alunos. 3. Psicanálise. I. Título.

22-4344 CDD 370.15

Índice para catálogo sistemático:
1. Psicologia educacional

*Ao Chô, à Marina e ao João,*
*eternas paixões...*

# Prefácio da segunda edição

*Madalena Freire*

Ensinar, educar é uma aventura. Aventura que se dá, se faz, na opção pela vida. Vida que se confronta permanentemente com nossas "mortes", cotidianamente.

Como manter acesa a chama pela e na vida, no embate cotidiano do ensinar e aprender? Como atiçar, avivar nossos desejos de vida e morte junto com os dos nossos alunos?

Ensinar, educar é uma aventura.

Aventura que acontece no espaço e no tempo da construção da experiência de cada um e de todos entre si. Espaço, portanto, de travessia entre os saberes de uns com os outros. Espaço da experiência irrepetível, porque genuína no atravessamento do que cada um foi flechado. Por tudo isso, espaço, território da paixão. Do padecimento pela e na vida (aprender dói, o prazer é construído). Espaço do instável, do desequilíbrio do frágil e, por isso mesmo, espaço da escuta, da atenção, do zelo, porque é humano.

Espaço, território da aventura do aprender e do ensinar, onde se faz necessário a reinvenção contínua da liberdade, assumindo os riscos, os perigos da criação, a cada aula. Por isso, espaço onde refazemos os votos de esperança, de amor, apaixonados pela vida em nosso ensinar.

Este livro de Maria Cecília Pereira da Silva, de meu conhecimento há vários anos, me provoca em todas essas questões! Como menciona Paulo Freire, em seu prefácio a este livro, "temos obrigação de lê-lo" todos nós, educadores que apostamos na "Paixão de Formar".

Deixo aqui, ao leitor, o desafio de reinventar-se cotidianamente em sua paixão.

# Prefácio

*Paulo Freire*

Psicanalista e educadora, neste livro excitante, cuja leitura, uma vez nela iniciados, dificilmente paramos, Maria Cecília Pereira da Silva discute a "paixão de formar", sem a qual a prática educativa, banalizando-se num ritual de pura transferência mecanicista de conteúdos, termina por se transformar num exercício burocratizador. Num exercício, portanto, que nega o anseio formador da prática educativa.

Um dos grandes méritos deste livro está na paixão com que discute a paixão de formar, com que sublinha sua importância, com que quase sugere que é fundamental "inventar" a paixão, mantê-la viva, apesar de tudo. É que, no fundo, ninguém nasce apaixonado – a gente se faz apaixonado ou não se faz.

No meu caso – e peço desculpas aos leitores e leitoras por falar de mim mesmo –, esta paixão me tomou na adolescência, ainda quando, quase sem saber por que, eu "sonhava", deleitado, comigo mesmo e com alunos imaginários, a quem ensinava e com quem aprendia, crescendo juntos.

Vivia tão intensamente no "sonho" a prática docente, que implica necessariamente discente, que era como se, no meu silêncio, "cheio" de discursos e de diálogos, eu me achasse "com" alunos de carne e osso, "formando-os" e sendo por eles "reformado". Assim, quando num certo espaço, numa certa sala de aula, num certo tempo, encontrei-me com alunos reais, me parecia a mim, quase atônito, um *déjà-vu*.

Aquela paixão me acompanha até hoje, viva, inquieta, pacientemente impaciente, incontida.

Em certo momento se fez criticamente indispensável, virou razão de ser de minha prática docente. Isto se deu exatamente quando a natureza política da prática educativa se ofereceu a mim iluminada, clara, desnuda. Ofereceu-se exigindo de mim decisão, ruptura, sonho, utopia, opção. Exigindo coerência entre o sonho da formação democrática e a prática igualmente democrática da formação.

Outro mérito deste livro se acha na sua força formadora, no gosto dialógico com o qual nos desafia e nos convida a sermos nós mesmos.

A obrigação de lê-lo antes de qualquer leitor para poder sobre ele dizer algo virou experiência prazerosa, razão por que deixo aqui à sua autora o meu muito obrigado e a você, que agora o folheia, o convite para que o leia. Vale a pena fazê-lo.

# Conteúdo

*— Paixão de Formar...*

**— Humm!!!...**

*— ... sobre professor apaixonado..*

**— Hum... Hum...**

*— Você acha que existe paixão, quando você dá aulas?...*

**— Hum... Claro, reconheço que sim. É..., é paixão!!!**

*— Então existe!!! Mas o que é isso?*

# Introdução

*Professores, a gente os ama*

*As pesquisas o provam: os franceses os ergueram num pedestal. É preciso dizer que esperam muito de vocês...*

*"Professores de liceus e de colégios! Que bela profissão a sua! Em janeiro próximo, os alunos do último ano e os estudantes, sondados pelos orientadores do país, concederam-lhes o primeiro lugar no 'Hit parade das profissões'. 'Professor', a 'profissão ideal', a mais citada por estes colegiais, antes mesmo de 'médico', 'engenheiro' e 'jornalista'!*

*Aproximadamente dois em cada três franceses confessam, de acordo com as sondagens, que gostariam de ver seu filho ou sua filha tornar-se professor. [...] Vocês são pessoas 'em quem se confia', mais que nos chefes de empresas e nos padres, duas vezes mais que nos advogados e nos jornalistas. [...] Não seria a primeira vez que teriam uma melhor opinião de vocês do que vocês mesmos.*

(A. Fohr, "Professores, a gente os ama")

Tive o privilégio de ter tido professores que me transmitiram seu amor pelo que faziam, e eu os amei por isso.

Este texto é resultado da minha relação com esses professores e da minha experiência como educadora e psicanalista. Num primeiro momento, foi escrito como uma dissertação de mestrado em psicologia da educação (Silva, 1991) e, neste sentido, é um recorte deste campo que agora apresento em forma de livro com algumas modificações.

Algo sempre me intriga quando observo a arte de formar, tanto do ponto de vista de aluna, como do de educadora: há pessoas que se envolvem com entusiasmo e eficiência na prática pedagógica, enquanto outras exercem a função de professor-educador de forma extremamente pobre e desmotivada.

Em nosso país, a atividade docente é pouco valorizada, mal remunerada, a classe estudantil nem sempre é a mais motivadora, as condições e os locais de trabalho muitas vezes são precários, há poucos incentivos à pesquisa. Os professores brasileiros, sem *status*, nem reconhecimento, continuam trabalhando do Oiapoque ao Chuí, ensinando nossas crianças, mesmo em casas de sapê, embaixo de sol, de chuva e de frio, com formação e condições bastante precárias. Dentro dessa realidade político-econômica e social, verifico que há professores que se dedicam com entusiasmo, realizando a transmissão do conhecimento com eficácia, sem deixar apagar sua paixão de formar.

Pois, apesar desses aspectos externos, algo muito específico mobiliza alguns professores, como se tomassem algum energizante, nunca desistindo da questão formativa.

Assim, torna-se necessário que os professores, que exercem uma das mais dignas profissões, tomem consciência de sua força e importância. E, a partir desse contexto, passem a lutar pela reconstrução de um Brasil ético e moralmente justo, de tal forma que se restaure o respeito nacional à tarefa de educar as futuras gerações. É no interior das escolas que se constrói a dignidade de um povo.

Já é tempo de fazer renascer no Brasil uma reflexão sobre a prática da educação, ressuscitando a paixão de formar. Só assim será possível devolver aos educadores a consciência de sua importância numa sociedade que é uma vasta empresa, mas que deve ser orientada para uma cultura livre, criativa, apaixonada e apaixonante e, ao mesmo tempo, por uma real eficácia. Urge, portanto, exigir a participação dos políticos no sentido de contribuir para o reconhecimento do valor do professor como peça-chave na formação cultural da sociedade.

Torna-se necessário, então, investigar o que mobiliza e caracteriza essas pessoas que têm grande entusiasmo pela educação. E, por meio de uma visão psicanalítica, desvelar a capacidade humana para transmitir o conhecimento voltado para a formação, buscando entender o que está por trás da construção da paixão de formar. E aqui se une à minha contribuição como psicanalista a minha curiosidade de aluna e educadora.

Pretendo buscar a representação dos desejos do homem pela atividade formativa, conhecendo esses desejos, que não são racionais e nem técnicos, mas motivações desconhecidas, inconscientes, pouco discutidas, que fazem parte da arte de formar.

O interesse é verificar que tipos de estruturas psíquicas possui o professor para sustentar uma relação pedagógica que fascine o seu aluno, mas que também possibilite o seu próprio desenvolvimento.

É importante ressaltar que meu objeto de estudo é resultado de horas de entrevistas com professores. O discurso do mestre cala fundo no aluno, que o autoriza, acredita nele. Há uma série de componentes emocionais do aluno que são depositados no professor e inúmeras possibilidades do uso que o professor pode fazer das relações pedagógicas daí decorrentes. Mas o campo deste trabalho fica restrito ao vértice dos professores, a fim de investigar que componentes psíquicos os mobilizam internamente.

Este livro procura, portanto, ser uma contribuição psicanalítica ao estudo das características de personalidade dos professores que se dedicam à arte de formar, procurando levar à discussão as várias vicissitudes que podem decorrer da paixão de formar. Pode-se lê-lo também como um alerta aos professores apaixonados: à medida que estejam conscientes e identificados com seus desejos, que eles possam resgatar a preciosidade e o potencial que contêm em si e lutar por um lugar justo e digno na nossa sociedade, pois já é tempo de prestigiarmos os professores e valorizá-los. E, ainda, que a paixão de formar possa contribuir para a construção de uma relação de aprendizagem criativa.

É também um ensaio psicanalítico sobre a possibilidade de utilizar a psicanálise fora do *setting* analítico, transitando entre o campo sociológico, antropológico e psicanalítico.

Para aquele que trabalha com orientação vocacional, esta contribuição traça um perfil profissional, decifrando os mecanismos psíquicos que envolvem a escolha do educador.

No mundo contemporâneo, no qual o racionalismo tecnicista prepondera, este livro pode servir como uma ponte para o reencontro com as emoções nas práticas profissionais.

Partindo da ideia de que a paixão de formar caracteriza-se por um movimento psíquico que se mantém internamente, apesar de todas as vicissitudes externas, que se vincula à realidade, possibilitando a eficácia da transmissão, a construção do conhecimento e o desenvolvimento do outro, procuro investigar de modo mais específico quais são os aspectos desse movimento psíquico da paixão de formar. Por meio do método psicanalítico, analiso entrevistas não diretivas realizadas com professores que demonstram entusiasmo pela arte de formar e que se mostram eficazes na transmissão do conhecimento, como se tivessem uma chama interna que não os domina e que não se apaga nunca, ou seja, professores apaixonados. Cabe, então, levantar três pontos distintos que norteiam o desenvolvimento das ideias aqui descritas.

O primeiro ponto é a definição de *paixão* e de *formar*, delimitando o que as caracteriza. É inata esta paixão? É impulsivo formar? A paixão de formar se aproxima de uma relação de amor ou não passa de um mero encontro casual? O que permite a relação professor-aluno tornar o ato de formar apaixonante? O que caracteriza a paixão de formar, levando a relação professor-aluno a ser bem-sucedida? Quais as características de um vínculo propiciador de desenvolvimento entre professor e aluno na paixão de formar? Parece haver uma boa semente no professor apaixonado, que se desenvolveu podendo gerar outras sementes que também poderão germinar, mas que sementes são essas?

O segundo ponto está relacionado à pesquisa no campo psicanalítico da paixão de formar. Que componentes psíquicos contribuem para tornar o professor um facilitador ou mediador da transmissão eficaz do conhecimento? Há dois aspectos distintos que devem ser considerados. O primeiro diz respeito aos conflitos e tensões psíquicas próprias de cada professor. E várias questões se colocam. O processo de identificação primária e a busca de uma valorização para manter a autoestima interferem na existência deste movimento? Como poderiam as instâncias psíquicas do *ego ideal* e do *ideal do ego* interferir neste movimento psíquico? Sendo a formação uma atividade que é atravessada por tensões poderosas de vida e de morte, como diz René Kaës (1984), que tipos de conflitos específicos mobilizam a paixão de formar? Que tensões são estas que possibilitam ao professor apaixonado transmitir o conhecimento e propiciar o crescimento do outro? Será que há um conflito específico, interno, que gera uma busca de reparação infinita, mantendo o professor sempre apaixonado pela formação? A relação professor-aluno que busca uma transformação seria fruto de uma luta contra impulsos destrutivos? Neste segundo aspecto procura-se o que alimenta esta relação apaixonada com a arte de formar: fantasias, desejos e prazer. O que o professor apaixonado reencontra prazerosamente na relação formativa? Há fantasias próprias da formação? Seria a busca do passado perdido, da infância, que leva o professor a um estado de eterna busca desse reencontro que facilita a relação de troca professor-aluno? Que tipo de desejos infantis e fantasias mobiliza a paixão de formar?

Por fim, o terceiro ponto constrói, numa visão psicanalítica, o que é próprio do movimento psíquico da paixão de formar. Que chama é esta que não desaparece?

Para analisar as questões anteriormente levantadas, faz-se mister um diálogo bibliográfico com diversos autores ligados à pedagogia e à psicologia, nas quais as indagações tiveram respostas teóricas (Capítulo 1). Contudo, em nenhuma delas encontrou-se uma pesquisa de campo que desse conta da psicologia do professor, da realidade vivida pelos professores apaixonados.

Tornou-se necessário, portanto, delimitar o campo em que se insere este tema, isto é, explicitar o conceito de paixão e de formar. Partindo da definição de amor e de amor intelectual de dicionários de filosofia, passando pelo conceito de enamoramento do sociólogo Alberoni, da definição de paixão e de formar do *Dicionário Aurélio*, até chegar ao conceito psicanalítico freudiano de paixão. A partir daí, descrevem-se as contribuições trazidas pelo psicanalista René Kaës sobre a fantasmática da paixão de formar.

Escrever sobre a paixão de formar do ponto de vista psicanalítico implica esclarecer os caminhos de Freud e da psicanálise, seguindo os conceitos que percorrem o desenvolvimento psíquico, o que se transformaria num trabalho imenso. Para tornar acessível a compreensão do tema a um público amplo, fez-se necessário apresentar algumas notas e indicações bibliográficas para que aqueles que desconhecem a psicanálise possam percorrer a amplitude e a complexidade deste campo epistemológico. Alguns aspectos merecem destaque por serem fundamentais à interpretação das entrevistas, na busca da compreensão da paixão de formar, sem a pretensão de esgotar o tema.

Os conceitos psicanalíticos esclarecidos no Capítulo 1 são: identificação, ideal de *ego* e idealização, narcisismo, transferência, sublimação e reparação. O leitor encontrará outros conceitos definidos no Glossário apresentado no final do livro.

Tendo norteado o campo teórico, o passo seguinte foi a descrição, no Capítulo 2, do campo metodológico, oferecendo subsídios científicos para que este trabalho possa ser reproduzido.

A técnica da coleta de dados baseou-se em entrevistas *não diretivas*, metodologia proposta por Michelat e Bleger, utilizando a escuta psicanalítica para reconhecer e captar, no discurso manifesto do entrevistado, o conteúdo latente. Foram realizadas trinta horas de entrevistas com cinco professores da área de ciências humanas que foram caracterizados, não só por mim, como professores apaixonados.

Uma reflexão a partir das entrevistas sobre a paixão de formar a partir da descrição e interpretação do material coletado, objeto de estudo vastíssimo e de grande valor, encontra-se no Capítulo 3.

Nessa parte, os aspectos significativos analisados para a compreensão da paixão de formar foram:

- a origem do desejo;
- o que é formar na fenomenologia da experiência individual;
- estilos de dar aula, preocupações, interesses e dificuldades; e
- fontes de satisfação, enquanto fantasias que se realizam.

Junto com uma abordagem descritiva, há uma interpretação psicanalítica de alguns aspectos, como a representação das primeiras relações objetais, que estão relacionadas com a origem da paixão de formar; a idealização, o narcisismo e as identificações secundárias; a formação de autoestima; as fantasias e os desejos, e a reparação e a sublimação, que se desvelam nos diferentes caminhos psíquicos e individuais, quer seja a via do inconsciente ao consciente, quer do latente ao manifesto, levando o professor a uma relação pedagógica ideal ou apaixonada.

Para me utilizar do modelo de interpretação psicanalítico foram suprimidos os dados biográficos da história pessoal dos professores, em função do contrato ético feito no início das entrevistas.

Na última parte, enumeram-se as conclusões. Nela procura-se responder às questões aqui levantadas e oferecer alguma contribuição para este campo do conhecimento, levando em conta os dados obtidos. É uma reflexão sobre os diversos modelos e fantasias inconscientes do professor sobre a arte de formar. Isto se relaciona com fontes[1] inconscientes infantis, com as instâncias ideais, com

---

1 A noção de fonte está contida na definição de pulsão: processo dinâmico que consiste numa pressão ou força (carga energética, fator de motricidade) que faz tender o organismo para um alvo. Segundo Freud, uma pulsão tem a sua fonte numa excitação corporal (estado de tensão), o seu alvo é suprimir o

o campo de ilusão proposto por Winnicott, com os modelos de reparação de Melanie Klein, procurando desvelar a relação vivida pelo professor apaixonado pelo ato educativo.

O mundo inconsciente que se explicita como desejo e paixão de formar atualiza-se na relação professor-aluno e se estabelece, seja na sala de aula, no corredor, ou no pátio. Afinal, o que é esta paixão que tanto fascina, que não se nomeia, que não se discrimina, mas que existe?

---

estado de tensão que reina na fonte pulsional. É no objeto ou graças a ele que a pulsão pode atingir o seu alvo (Laplanche & Pontalis, 1977, p. 506). Utilizo o termo fonte inconsciente no sentido, aqui citado, de fonte pulsional.

# 1. Conceituação teórica

*O amor, quando se revela,*
*Não se sabe revelar.*
*Sabe bem olhar p'ra ela,*
*Mas não lhe sabe falar.*
*Quem quer dizer o que sente*
*Não sabe o que há de dizer.*
*Fala: parece que mente…*
*Cala: parece esquecer…*
*Ah, mas se ela adivinhasse,*
*Se pudesse ouvir o olhar,*
*E se um olhar lhe bastasse*
*Pr'a saber que a estão a amar!*
*Mas quem sente muito, cala;*
*Quem quer dizer quando sente*
*Fica sem alma nem fala,*
*Fica só, inteiramente!*

*Mas se isto puder contar-lhe*
*O que não lhe ouso contar,*
*Já não terei que falar-lhe*
*Porque lhe estou a falar...*
(Fernando Pessoa, "O amor quando se revela")

## *Diálogo com os autores*

Muito se tem escrito sobre professores e educação, educação e psicologia, educação e psicanálise, relação professor-aluno. Isso se deve à enorme trama que é a formação-educação, tarefa que exige seriedade e responsabilidade.

Há vários aspectos envolvidos na tarefa de educar: aspectos ideológicos, políticos, sociais, metodológicos, filosóficos, didáticos e psicológicos. Aqui, o objetivo é relacionar o campo psicológico com a educação.

A relação professor-aluno, como todas as relações humanas, é tomada pela transferência, que é um fenômeno psíquico nem sempre consciente. Estudar a relação professor-aluno do ponto de vista psicanalítico é uma contribuição importante para aqueles que se envolvem com a práxis educativa, pois a partir dela pode-se observar indicações úteis para a dinâmica dessas relações e, portanto, tomar conhecimento de possíveis ligações do mundo emocional com a aprendizagem.

Neste sentido, é valiosa a contribuição de Maria Cristina Kupfer (1982) em *Relação professor-aluno: uma leitura psicanalítica*, na qual estuda a relação professor-aluno do ponto de vista psicanalítico, buscando compreender as vicissitudes dessa relação utilizando os conceitos de *ideal do ego*, identificação e transferência de Freud, e o conceito de desejo de Lacan, procurando por meio dessas teorias uma possível contribuição para a ação pedagógica.

Em *O desejo de saber: um estudo psicanalítico para educadores*, a mesma autora estuda a noção de desejo do saber a partir de uma visão psicanalítica. Ao fazer um estudo do conceito da pulsão de saber em Freud, Lacan e seus seguidores, procura aplicações e faz reflexões sobre o tema para a educação. Kupfer (1990) acredita ser possível entender que a posição do professor é análoga à do analisando e, ainda, estabelece uma relação de dependência mútua entre sexualidade e inteligência. Nesse estudo teórico, Kupfer procura estudar as instâncias psíquicas e a dinâmica emocional que, na relação professor-aluno, possibilitam o emergir da pulsão do saber na sua forma mais livre, produtiva e criativa.

Na dinâmica da transferência, que se estabelece na relação professor-aluno, tanto pode emergir uma relação construtiva que possibilite o desenvolvimento do ato educativo, quanto é possível que se estabeleça uma relação negativa de poder por parte do professor, um mau uso do lugar que este ocupa. Nesse sentido, Maria Aparecida Morgado (1989), em sua dissertação de mestrado, *Ensaio da sedução na relação pedagógica*, utiliza alguns conceitos psicanalíticos, procurando explicar o processo de sedução como um determinante do autoritarismo do professor, propondo uma relação pedagógica na qual:

> *os sentimentos eróticos e hostis não adquiram intensidade suficiente para se fazer representar na consciência. Isto é, uma relação na qual as intensas demandas eróticas e destrutivas sejam sublimadas à pulsão do saber, liberando as energias necessárias para a aprendizagem, de modo que na consciência apareçam apenas os sentimentos ternos de afeição e respeito. [...] a*

> *violência do amor e do ódio se colocaria em resistência ao trabalho intelectual do aluno.*

A práxis educativa está inserida numa estrutura social em que as dinâmicas emocionais se estabelecem, às vezes acomodando-se, às vezes adaptando-se e/ou transformando-se, interagindo com a realidade ideológica. Assim, Jurandir Freire Costa (1986), no campo da psicanálise e da psicologia social, em "Saúde mental, produto da educação?", aponta que aspectos da ideologia normalizante como fenômeno social de nossa realidade educacional, muitas vezes não deixam margem para transgressão. Ele mostra, ainda, como a possibilidade da violência simbólica no ato de educar pode ser extremamente nociva. Mas insiste:

> *O alcance da violência simbólica no ato educativo não é o mesmo da interação emocional patogênica. A educação, mesmo quando violenta, respeita, por assim dizer, os valores do grupo social. Não por opção ou decisão do educador, mas porque a sua própria substância é composta de representações socializadas. Ninguém pode transformar a água em vinho, e quem só dispõe de água não pode fabricar vinho. (pp. 75-76)*

Esses autores procuram discutir a interação e a relação emocional e/ou social da dinâmica professor-aluno. Mas é o professor especificamente como pessoa que sente, deseja, faz suas escolhas e envolve-se com a arte de formar que pretendo focalizar neste trabalho.

O que leva o professor a escolher esta profissão? Bohoslavsky (1980) afirma que a escolha profissional está relacionada com as primeiras figuras de identificação, identificações estas não distorcidas, dependendo de uma boa integração dos objetos internalizados e da elaboração dos conflitos. Análise e síntese, frutos da integração das identificações, que permitem ao *ego* confrontar fantasia e realidade:

> *O confronto do ego com o mundo exterior, do conhecido com o desconhecido, do mundo adolescente com o mundo adulto, dos estudos do segundo grau com os universitários, etc., que o adolescente pode ou não ter realizado consigo mesmo. Portanto, quem escolhe, não está escolhendo somente uma carreira, está escolhendo "com que" trabalhar, está definindo "para que" fazê-lo, está pensando num sentido para sua vida, está escolhendo inserir-se numa área específica da realidade ocupacional. [...] A escolha da carreira supõe sempre a elaboração de lutos. Luto pela escolha secundária, luto pelo paraíso perdido da infância, luto pela imagem ideal dos pais, luto pelas fantasias onipotentes. O adolescente deve elaborar lutos por objetos que perde (colegas, professores) e luto pelo self: outros objetos, outras carreiras, sua onipotência etc. Um luto bem elaborado supõe que se possa tolerar os sentimentos de culpa face ao objeto e face a si mesmo experimentados em toda separação. Se é possível elaborar estes sentimentos de culpa, o ego não se entrega, e tem um progressivo desejo de viver, de lutar, de reparar os objetos perdidos. A autêntica reparação supõe sempre comportamentos sublimatórios; requer clareza quanto ao papel profissional e, reciprocamente, a reparação autêntica contribui para definir definitivamente a identidade ocupacional de quem desempenha o papel. (Bohoslavsky, 1980)*

Cueli (1973) confirma as ideias trazidas por Bohoslavsky indicando que toda escolha profissional, enquanto meio de vida, implica uma repetição alicerçada inconscientemente na história das relações de objeto infantil do indivíduo, buscando sua reparação.

Nos processos de reparação estão envolvidos os processos de elaboração e contenção dos impulsos destrutivos. Searles (1981), no texto "O esforço para enlouquecer o outro", levanta várias hipóteses no campo do mundo mental nas quais as atitudes humanas, aparentemente muito construtivas, colaboradoras, solidárias, lutam contra um grande desejo de levar o outro à loucura. E afirma que esse desejo de levar o outro à loucura, presente na escolha de uma profissão pelos terapeutas e analistas, faz parte da constelação da personalidade dos "seres humanos emocionalmente sadios". Neste sentido, a paixão de formar não seria movida pela luta contra o desejo de deformar o outro? Penso que, na escolha profissional dos professores, também estão presentes sentimentos agressivos e hostis em relação aos objetos internos, que procuram ser reparados na paixão de formar, estando envolvidos no trabalho eterno ao qual se dedicam, obtendo alívio da doença psíquica, embora seja difícil para eles reconhecer a presença em si próprios desses desejos qualitativamente normais.

E o que é ser professor? O que envolve ser educador?

Demerval Saviani define a educação como uma atividade mediadora no seio da prática social global, considerando que a categoria de mediação é um conceito-chave, a partir do qual se pode explicar a natureza, seja da educação, seja, por consequência, do especialista em educação. Diz ainda que:

> *[...] a não consideração dessa categoria acaba por situar os chamados "especialistas em educação", grosso modo, em dois extremos. Num extremo, estão aqueles*

*que dominam com relativa segurança determinada área do conhecimento (sociologia, psicologia, filosofia, história, economia) e, a partir dela, à luz de sua estrutura conceitual, abordam a educação. No outro extremo estão aqueles que, situando-se no interior de determinadas práticas pedagógicas, intentam apropriar-se de técnicas específicas, com vistas a garantir procedimentos sistemáticos e reiterativos que teriam o condão de assegurar a eficácia e a eficiência da atividade educativa desenvolvida por agentes que não dispõem da densidade teórica reclamada pela natureza complexa do fenômeno educativo. [...] Se os primeiros possuem certa consistência teórica ao preço de dissolver a especificidade das questões pedagógicas, os segundos guardam maior sensibilidade para com o especificamente pedagógico; a falta de consistência teórica, entretanto, não lhes permite ir muito além do nível do senso comum no trato das referidas questões pedagógicas. Entre ambos abre-se um fosso. Em nosso entendimento, a educação, enquanto atividade mediadora, situa-se exatamente nesse fosso. O espaço próprio da educação encontra-se na intersecção do individual e do social, do particular e do geral, do teórico e do prático, da reflexão e da ação. [...] O verdadeiro especialista em educação será aquele que, tomando como centro e ponto de referência básico a educação enquanto fenômeno concreto (isto é, a educação considerada no modo próprio como ela se estabelece mediatizando as relações características de uma sociedade historicamente determinada), seja capaz de transitar com desenvoltura do plano teórico (avaliando, reelaborando e assimilando criticamente as contribuições das diferentes áreas do conhecimento)*

> *ao plano prático (elaborando, reformulando e criticando as técnicas de intervenção pedagógica) e vice-versa. (Saviani,* apud *Pimenta, 1981)*

Penso que o campo deste trabalho se aproxima da proposta de Saviani na busca do verdadeiro especialista. No plano prático, procuro investigar, no relato dos professores apaixonados, o que os particulariza como mediadores apaixonados no processo de formação.

Sem dúvida, a referência a esses autores não esgota o campo das reflexões teóricas já existentes sobre a relação professor-aluno. Mas ela foi útil por apontar a inexistência de um trabalho de pesquisa de campo que retrate as emoções e a realidade vivida pelo professor apaixonado.

Passo agora ao item "Considerações sobre a paixão", um diálogo com autores que contribuem à contextualização teórica do conceito de paixão: Mora e Lebrun, da filosofia, Alberoni, da sociologia, Aurélio, da língua portuguesa e, principalmente, Freud, Klein e seus seguidores, da psicanálise. O que se pretende aqui é possibilitar a compreensão de conceitos para o objeto deste estudo, trazendo uma contribuição psicanalítica à práxis educativa, embora não haja a pretensão de esgotar o tema, que, por si só, é inesgotável.

## *Considerações sobre a paixão*

Neste momento, procuro buscar em vários campos, filosofia, sociologia e psicanálise, uma definição para paixão, em uma tentativa de encontrar contribuições para enriquecer o conceito de paixão de formar.

## A paixão no campo da filosofia

Ao procurar o conceito de paixão no dicionário de filosofia, Mora (1987) insere-o na definição de amor:

> *Emprega-se o termo amor para designar atividades — ou efeito de atividades — muito diversas; o amor é interpretado como inclinação, afeto, apetite, paixão, aspiração etc. Outras vezes é considerado uma qualidade, propriedade ou relação. Fala-se de muitas formas de amor: amor físico ou sensual, amor materno, amizade, amor ao mundo, amor de Deus [...]. (p. 30)*

E, assim, Mora caminha por autores como Stendhal, Lewis, Empédocles, Sócrates, Platão, Tomás de Aquino, até chegar a Jean-Paul Sartre.

Gostaria de ressaltar aqui, e por isso trago esta contribuição, que Mora define a paixão como um sentimento incluso no conceito de amor, confirmando a hipótese que levanto: não seria a paixão de formar um ato de amor?

Mora especifica a definição de amor intelectual, apresentando a contribuição de Spinoza à Ética: "A mente de Deus pode ser de modo que todas as sensações do corpo ou imagem das coisas se referem à ideia de Deus" (*apud* Mora, 1987, p. 37). Esta ideia aparece na fantasia dos professores que se comparam com a representação de Deus, que busca criar seus discípulos à sua imagem e semelhança. Este é um tema que procurarei discutir mais adiante, pois penso que o professor apaixonado seria aquele que é capaz de transcender este aspecto, renunciando à ideia de ter discípulos, permitindo que o outro se desenvolva e crie seu próprio caminho.

Gérard Lebrun (1987), em "O conceito de paixão", faz um percurso no campo da filosofia, pesquisando vários autores. Procurarei comentar algumas de suas ideias.

Lebrun inicia seu trabalho defendendo a ideia de Leibniz:

> *[...] prefiro dizer que as paixões não são contentamentos ou desprazeres nem opiniões, mas tendências, ou antes modificações da tendência que vêm da opinião ou do sentimento, e que são acompanhadas de prazer ou desprazer.* (apud *Lebrun, 1987, p. 17)*

Essa definição da paixão está para Lebrun em conformidade com um hábito de espírito: paixão é sinônimo de tendência, de uma tendência bastante forte e duradoura para dominar a vida mental. Esse significado da palavra paixão possui o sentido etimológico de passividade, lembrado por Descartes no começo do *Tratado das paixões*:

> *Tudo o que se faz ou acontece de novo é geralmente chamado pelos filósofos de paixão, relativamente ao sujeito a quem isso acontece, e de ação, relativamente àquele que faz com que aconteça.* (apud *Lebrun, 1987, p. 17)*

Penso que a ideia de tendência acompanha a ideia de movimento psíquico que utilizei para definir paixão de formar. É uma tendência que pode ser utilizada para processos destrutivos ou construtivos. Acredito que a paixão de formar seria uma tendência construtiva, prazerosa, que promoveria o desenvolvimento de si mesmo e do outro. Tendência também é um termo usado por Freud para designar forças inconscientes ligadas às pulsões de vida e de morte.

Partindo dessa noção, Lebrun estabelece correlações entre os temas da paixão e da doença-saúde, fraqueza-potência, ativo--passivo, mobilidade-imobilidade, petrificação-nostalgia.

> *A paixão é sempre provocada pela presença ou imagem de algo que me leva a reagir, geralmente, de improviso. Ela é, então, o sinal de que eu vivo na dependência permanente do outro. Um ser autárquico não teria paixões. A paixão é um dado do mundo sublunar e da existência humana. Devemos contar com as paixões, devemos até tirar proveito delas. São movimentos da alma, da natureza humana e não se trata de extirpá--los e nem condená-los. Um homem não escolhe as paixões; ele não é, então, responsável por elas, mas somente pelo modo como faz com que elas se submetam à sua ação. É deste modo que os outros o julgam sob o aspecto ético, isto é, apreciando seu caráter. Um juízo ético seria simplesmente impossível se não houvesse como regular as paixões. Sempre que eu ajo de modo a revelar meu caráter, meu comportamento emotivo entra sempre em jogo, pois os outros não dispõem de outro critério para julgar. Sem as paixões, também não haveria uma escala de valores éticos. [...] As paixões e as ações são movimentos contínuos, isto é, grandezas que podem ser divididas em partes menores e em graus menores, de tal forma que, quando ajo, sempre me é possível fixar a intensidade passional exata apropriada à situação. Esta escala passional é limitada. Há um grau além do qual nenhum ser humano pode suportar uma emoção e um grau de apatia abaixo do qual não há como descer (ausência absoluta do medo só existe para um deus ou para um animal). O homem virtuoso*

> *não é aquele que renunciou às suas paixões, nem o que conseguiu abrandá-las ao máximo. [...] O homem virtuoso, ou bom, é o que aprimora sua conduta de modo a medir da melhor maneira possível e em todas as circunstâncias o quanto de paixão seus atos comportam inevitavelmente. (p. 19)*

Acredito que a paixão de formar aproxima-se de uma ação do homem virtuoso e bom. O professor apaixonado seria aquele que aprimora sua conduta, dando vazão às suas paixões da melhor maneira possível.

Paixão e razão são indispensáveis, assim como a matéria inseparável da obra, o mármore, da estátua. Desse ponto de vista, Lebrun diz:

> *Ninguém é mais aristotélico do que Hegel na Estética, quando se esforça por distinguir o que os gregos entendiam por páthos e o que os modernos entendem por paixão. [...] A palavra páthos é de difícil tradução, pois paixão implica algo de insignificante, baixo, como quando dizemos que um homem não deve sucumbir às paixões. [...] Deve-se limitar o páthos às ações humanas e pensá-lo como o conteúdo racional essencial presente no "eu" humano, preenchendo e penetrando a alma inteira. (p. 22)*

"Nada de grande se fez sem paixão." Nestas famosas palavras de Hegel (*apud* Lebrun, 1987, p. 23), paixão não tem o sentido que lhe damos, por exemplo, na expressão "crime passional".

> *A "paixão" de que se trata não é um impulso que nos leva, malgrado nosso, a praticar uma ação. Ela é o que dá estilo a uma personalidade, uma unidade a todas as suas condutas. (Hegel,* apud *Lebrun, 1987, p. 23)*

A paixão, continua Hegel:

> *torna profundos os heróis shakespearianos. O páthos que os anima pode ser simples, como acontece com o amor entre Romeu e Julieta, mas nem por isso tem a monotonia de uma ideia fixa. Trata-se antes da tonalidade específica de suas condutas, da tensão que unifica seus atos — sem importar que situação estejam enfrentando.* (apud *Lebrun, 1987, p. 23)*

E Lebrun diz o que Nietzsche revela-nos neste trecho da *Segunda consideração intempestiva*, que descreve a "injustiça" e a "cegueira" do *páthos* sem o qual não pode haver grandes realizações:

> *Que se represente um homem transtornado, arrebatado por uma paixão violenta por uma mulher ou por uma grande ideia: como o seu mundo se transforma. Se olhar para trás, sente-se cego. Se auscultar o que vem desta direção, só perceberá um ruído surdo e vazio de sentido; mas o que notará jamais lhe pareceu tão verdadeiro, tão próximo, tão colorido, tão luminoso, como se pudesse abarcá-lo com todos os seus sentidos de uma só vez. Todas as suas apreciações são modificadas e desvalorizadas. É o estado de espírito menos equitativo que há no mundo, estreito, injusto com o passado, cego às advertências, um pequeno turbilhão de vida no coração de um mar de trevas e esquecimento.* (apud *Lebrun, 1987, p. 23)*

A paixão de formar, como procuro definir, foge do conceito patológico, irracional, do crime passional, mas se aproxima daquilo que dá cor, que torna profundo e verdadeiro o ato educativo. Lebrun continua:

> *[...] se a palavra paixão está solidamente associada à da repressão, é porque já representamos o lógos como uma lei, expressa por um mandamento que se dirige a todos, ignorantes ocultos — por uma injunção tão poderosa que todos os homens (iguais perante Deus e democraticamente iguais) seriam capazes de compreender pela mesma razão. No fundo, é essa interpretação legislativa do lógos que nos força a pesar toda paixão como um fator de desvario e deslize e a considerá-la de roldão como suspeita e perigosa. Se é necessário pensar o lógos como uma lei positiva, então os estoicos estão com a verdade: toda a paixão, desde o seu despertar, já infringe a lei que me constitui como um ser razoável, todas as paixões, na sua origem, já me conduzem para "fora de mim mesmo". (p. 25)*

E Lebrun cita Crisipo:

> *O sábio sofre a dor, mas não é mais tentado por ela: sua alma não se abandona mais a ela. Ele ainda sente a emoção, mas é suficientemente treinado a não enfrentá-la de maneira fantasiosa, jamais se deixando tragar por ela. Ele é como um ator experiente, que permanece sempre distante das peripécias do drama que representa. Não se trata mais de saber até que ponto conveniente deixar que suas paixões se extravasem. Seria absurdo pretender controlar a paixão e modular a*

> *sua força, pois ela é sempre o sintoma de uma doença e não de uma reação inevitável a uma emoção. Nada se fez enquanto não se impossibilitou a alma de senti-las. A sabedoria é uma cirurgia das paixões.* (apud *Lebrun, p. 26)*

Assim a consciência da ignorância é o princípio da sabedoria.

A paixão é viva, como é vivo o ato formativo, cheio de tensões construtivas e destrutivas. Penso que o professor apaixonado é aquele que sente suas emoções e busca, como o sábio de Crisipo, cirurgicamente, um canal menos conflitivo ou angustiante.

Os gregos de antes da decadência viviam com as paixões e não contra elas; eles não temiam deixar-se testar por elas. Lebrun cita Nietzsche:

> *Domínio das paixões e não enfraquecimento ou extirpação das paixões. Quanto maior é a força do querer, tanto mais liberdade damos às paixões. [...] Destruir as paixões e os desejos só por causa de sua tolice e para evitar suas consequências desagradáveis, parece-nos hoje uma manifestação aguda de tolice. Não admiramos mais os dentistas que extraem os dentes para que não incomodem mais.* (apud *Lebrun, p. 26)*

Se é necessário recusar o ascetismo de tipo estoico, não é pelo fato de se pretender refrear as paixões, mas porque se pretende destruí-las, já que não consegue suportá-las e dominá-las. Porque descreve como doença o que é, na realidade, um teste de força.

A arte de formar apaixonadamente trata, então, de conceber e não destruir e reprimir suas paixões, trabalhando com as tensões (forças) inerentes ao processo educativo.

Diz ainda Lebrun:

> *Não seria mais razoável tolerar as paixões, nas quais ocorrem as junções da alma e do corpo, incorporá-las em nossa vida, em nosso dia a dia? [...] Se minhas paixões são elementos constitutivos de minha saúde mental, contrariamente ao que pensavam os estoicos, e se visamos integrá-las ao nosso comportamento em vez de aniquilá-las, então é necessário admitir que o adulto tido como normal, de agora em diante, é responsável por suas paixões e pelo mau uso que delas venha a fazer por "fraqueza". Por que deveria uma sociedade condoer-se dos "fracos" — a menos que, naturalmente, ela tenha decidido considerá-los doentes? Mas se a paixão é tida como a causa da conduta, como o foco de exame ético através do qual devo mostrar a minha força, é impossível considerá-la uma doença que me coloca "fora de mim mesmo" e de recuperar o tema estoico. (p. 27)*

Parece-me que o professor apaixonado se comportaria assim com suas paixões, responsabilizando-se por elas e possibilitando que irrompam, sendo criativo no ato de formar.

E Lebrun lembra Foucault: trata-se de um aspecto da modernidade distinguir o adulto são e normal, indagando-lhe o que ainda lhe resta de infantil, quais loucuras secretas nele habitam e que crime fundamental desejou praticar.

> *Como, então, salvaguardar a especificidade da paixão? Se se compreender que todo o comportamento do indivíduo tem suas raízes nas pulsões, cuja origem e natureza ele ignora, a paixão só pode ser um elemento*

> *estranho em mim e não se trata mais de integrá-la na minha vida, mas somente de submetê-la a um tratamento que a enfraquecerá ou exorcizará. (p. 31)*

Discordo dessa ideia de Lebrun, pois suponho que o ato criativo de formar tem origem nas pulsões primitivas, infantis. Seria um apropriar-se do brincar criativo infantil que irrompe na arte formativa. À medida que se tem conhecimento de suas paixões, não se deve domesticá-las, exorcizá-las ou enfraquecê-las, mas dar vazão de forma construtiva, ir atrás, buscar atender aos desejos do indivíduo, no sentido de tomar posse de um recurso natural próprio a todo homem.

> *As sociedades evoluídas tendem a não considerar mais as paixões como componentes do caráter de um indivíduo, que ele deveria governar, mas como um dos fatores de perturbação do comportamento, que ele é incapaz de controlar unicamente através de suas forças. Estamos então, é verdade, menos inclinados a culpabilizar o apaixonado, mas isso porque somos antes levados a considerá-lo doente. [...] No momento em que o herói perde a liberdade em relação a como lidar com suas paixões, não passa de um cliente em potencial para um terapeuta. [...] Todo homem com saúde é um doente que se ignora. (pp. 31-33)*

Penso que a psicanálise é um trabalho de cura pelo amor. É na busca de possibilitar ao indivíduo a posse da própria capacidade de amar que a psicanálise caminha. E, na medida em que o homem pode conhecer suas limitações, sua doença, seus desejos, só então pode encontrar a fonte do amor e uma relação rica e produtiva com a vida. A psicanálise também não trata de domesticar as paixões, mas de torná-las conscientes e possibilitar ao indivíduo que tome posse delas. É também a consciência dos próprios limites, da própria ignorância que permite a emergência da sabedoria de cada um como ser humano e não como Deus. Penso que, ao ignorar as paixões do homem, concebendo-as como doença, indiscriminadamente, a humanidade sai perdendo, pois é no cerne do coração dos indivíduos junto com a capacidade de elaboração que as paixões movem montanhas.

Considero relevante a revisão dos conceitos de paixão efetuada por Lebrun, pois recupera a naturalidade da paixão como uma pulsão própria do ser humano. Levanta questões sobre razão e paixão, saúde e doença do apaixonado e, de certa forma, recupera a paixão dentro da modernidade, mas desde que esta possa ser governada pelo indivíduo. A paixão como uma pulsão primitiva do ser humano, relacionada ao inconsciente, com pulsões que podem servir ao próprio homem e à vida, encontra resistência nesse autor, pois ele propõe que esta seja refreada e a vê como uma doença que deve ser exorcizada, não a possibilidade de ser elaborada e até de libertar o homem.

## A paixão no campo da sociologia

Vou buscar o conceito de paixão no campo da sociologia, pois o formar é também um ato social, e é a contribuição de Francesco Alberoni (1988), em *Enamoramento e amor*, que me chama a atenção.

O enamoramento é definido por Alberoni como "um estado nascente de um movimento coletivo a dois" (p. 5), envolvendo a verdade e a autenticidade; é uma procura constante da mais genuína autenticidade de uma pessoa, um mergulho profundo dentro de seu próprio ser. Isso se obtém graças ao outro, ao diálogo com ele, ao encontro, no qual cada um procura no outro o reconhecimento, a aceitação, a compreensão, a aprovação e a redenção daquilo que sempre foi e realmente é. O restabelecimento do passado faz com que o enamoramento deixe de ser perigoso; cada um pode falar sobre ele e, contando-o para o outro, liberta-se. Mas, para se libertarem, para serem redimidos do passado, devem dizer a verdade, pois somente a verdade os torna livres. Por isso cada um se redime dizendo a verdade e se mostrando completamente transparente ao falar de si ao outro. Na vida cotidiana, não existe qualquer experiência deste tipo. Somente dizendo a verdade àquele que é o doador do bem é que podemos ser redimidos do que fomos e mudar, ou seja, ser como devemos ser para alcançar o nosso bem maior.

Em psicanálise, o paciente diz a verdade porque, graças à transferência, reproduz em parte o processo que espontaneamente atua durante o enamoramento. E Alberoni afirma:

> *Mas a força do estado nascente destrói, em poucas horas ou instantes, barreiras inconscientes que, na psicanálise, resistem, às vezes, durante anos. Isso é possível porque o medo do passado acaba. Os dois enamorados fazem uma confissão recíproca, e cada um tem o poder de absolver o outro de seu passado. (p. 39)*

E não é este o trabalho analítico? Não é essa a busca do par analítico, a busca da verdade inconsciente? É na medida em que o professor pode conhecer-se e estar em estado nascente que a paixão emerge, e apaixona-se não apenas por si mesmo como também pelo outro. É também na relação em que o professor se entrega e pode dar o "leite", como comumente os alunos se referem àqueles professores que dão tudo o que têm de melhor e não escondem seu conhecimento, que é possível nascer uma relação apaixonada diante da busca do conhecimento e a paixão de formar pode emergir. Segundo Alberoni:

> *Somente o objeto do nosso amor tem valor em si; as outras coisas não. [...] Essa distinção entre o que tem e o que não tem valor em si é o fundamento do pensamento metafísico [...].*
>
> *Assim no estado nascente: este modo de pensar surge e nos leva a estabelecer uma distinção absoluta entre o que tem valor em si e, portanto, é real, e o que é contingente. É uma distinção que atravessa todas as coisas em nós mesmos. Enquanto nos encontramos em relação com a realidade, transfiguramo-nos, somos portadores de valores e direitos absolutos. Entretanto, visto que a paixão é um processo, existe uma transposição permanente de coisas, objetos e experiências de um plano para outro; uma transição metafísica contínua do contingente para o real e do real para o contingente. De um lado, então, a transfiguração (ou transubstanciação); de outro, a degradação. Temos nas mãos uma joia e desejamos oferecê-la à pessoa que amamos; se ela aceita, é porque gostou do presente. Leva-a consigo, transforma-a em uma parte dela, num pedaço de nós nela. (Alberoni, 1988, p. 40)*

Penso que o professor apaixonado estabelece uma relação de troca de presentes com os alunos, troca de amor, de conteúdos, e há uma reciprocidade. Nessa relação professor-aluno também se estabelece, por parte do aluno, um modelo de identificação no qual, muitas vezes, o professor transforma-se em um objeto bom que se instala no mundo interno do aluno. Da mesma forma, para o professor, este aluno que troca é identificado como um objeto bom para o professor, tornando-se parte deste.

Alberoni explica:

> *Todos esses conjuntos de maneiras de pensar e sentir que descrevemos — instante-eternidade, felicidade, fins absolutos, autolimitação das necessidades, igualdade, comunismo, autenticidade e verdade, realidade, contingência — são propriedades estruturais do estado nascente. Por isso, nesse nível, pensamos, sentimos e valorizamos tudo de maneira radicalmente diferente. O extraordinário não é algo que se compreenda e dependa do mundo externo. Nós é que mudamos e, por isso, vemos outro céu e outra terra, outro tipo de homens, outro tipo de natureza. O estado nascente é uma tentativa de refazer o mundo a partir desse modo diferente de pensar e de viver; de realizar no mundo essa experiência de compreensão absoluta e de, finalmente, acabar com toda alienação e toda futilidade. Por isso, parte do desejável em si, que nunca se dá completamente no mundo, constituindo uma tentativa de realizar nesse máximo possível daquela solidariedade absoluta da qual se teve experiência. Por isso, é uma exploração do possível a partir do impossível, um esforço de realizar o estado paradisíaco na terra. Por essa razão, no estado nascente o homem tira a espada flamejante do querubim e entra no Jardim do Éden. Certamente não pode fazer dele sua morada estável; o enamoramento não dura para sempre; o extraordinário convive sempre com o mundo e a ele regressa. Mas aquele é o Jardim do Éden. Todos o conhecemos, todos já estivemos nele, todos já o perdemos, todos sabemos reconhecê-lo. (p. 41)*

Não estaria o professor apaixonado buscando reencontrar, a cada aula, o Jardim do Éden? Buscando o extraordinário? Buscando uma transgressão? Buscando o paraíso perdido na infância?

E Alberoni afirma:

> *A propensão ao enamoramento, portanto, não se revela na vontade de se enamorar, mas na percepção da intensidade vital do mundo e da sua felicidade, no sentimento de exclusão desse mundo e na inveja dessa felicidade, com a certeza de que lhe é inacessível. O enamoramento não é desejar uma pessoa bela e interessante — é uma reformulação de todo campo social, um ver o mundo com novos olhos. (p. 48)*

Penso que é esta busca por reformulação constante que caracterizaria o movimento psíquico que se mantém internamente na paixão de formar.

Como se passa do enamoramento ao amor? Alberoni responde:

> *Através de uma série de provas. Provas que impomos a nós mesmos, provas que impomos ao outro, provas que nos são impostas pelos sistemas internos. Algumas dessas provas são cruciais. Se forem superadas, o enamoramento encontra no mundo das certezas do cotidiano o que chamamos de amor; do contrário, aparece outra coisa: a renúncia, a petrificação ou o desenamoramento. O enamoramento resiste a várias provas: provas da verdade, da sinceridade e da reciprocidade. Querer juntos as coisas que cada um autenticamente deseja significa ter que mudar, ter que separar-nos das coisas que queríamos antes, às quais dávamos importância. (pp. 58-60)*

Esta ideia remete às primeiras sugestões que faço na introdução deste livro, quando digo que alguns professores nunca desistem da arte de formar, como se tomassem algum energizante. Talvez esse estado de enamoramento seja o estado psíquico que os mantém apaixonados, apesar de todas as vicissitudes.

Alberoni se refere da seguinte forma às instituições:

> *Estado nascente, de fato, tende a se fazer instituição (amor é uma ligação mais estável e duradoura) e a instituição consiste fundamentalmente nisto: dizer, sustentar que o estado nascente está todo simbolicamente realizado, e, ao mesmo tempo, praticamente todo por se realizar. Mas as instituições não se encontram somente nos ritos; estão também na alma dos homens. Por esta razão, em parte, efetivamente reativam valores primitivos, separam o nosso tempo desses significados e desses valores. A vida cotidiana é, por isso, rica em momentos nos quais se revela, reaparece — não como o eterno retorno do já conhecido, mas como o redescobrimento daquilo que existe. A banalidade do cotidiano não é senão a falência dos processos de transformação. [...] Decerto, o ponto de virada é dado pelas grandes renúncias, os pontos de não retorno, mas o resto é feito pouco a pouco através de pequenos compromissos, seguindo caminhos estabelecidos, por preguiça, por comodismo, por falta de fantasia ou por medo de arriscar. (p. 88)*

Não seria o professor apaixonado aquele que está neste estado nascente, na medida em que não desiste da ação educativa e procura sempre transgredir, não se banalizar, não se institucionalizar e sempre ter algo por realizar, por revelar?

Poderíamos imaginar que o professor apaixonado teria um mundo psíquico cheio de fantasias com mais acesso à consciência, permitindo instrumentalizá-lo ousada e arriscadamente nas suas aulas e, talvez, na sua própria vida. Acredito que se trate de recursos inconscientes que mobilizam, no professor, fantasias buscadas na realização na paixão de formar.

E Alberoni continua:

> *A instituição tem horror ao estado nascente. É a única coisa que teme, porque é a única que abala, com seu aparecimento, os seus alicerces. Do ponto de vista da instituição, o estado nascente é, por definição, o inesperado. Porque sua lógica é diferente da lógica da vida cotidiana, é incompreensível. Porque ataca as instituições em nome dos seus próprios valores, acusando-as de hipocrisia, é o fanatismo. Porque refaz o passado declarando desfeitos pactos e laços, é monstruoso. Perante o estado nascente a instituição é abalada em suas certezas. Ao reproduzir o evento do qual nasceu esta instituição, ao revelar-se o estado mais puro, às forças que o alimentam, o estado nascente cria uma situação de risco mortal. Todos os mecanismos sociais de controle, toda a sabedoria da tradição têm uma só finalidade: extingui-lo, torná-lo impossível. (p. 54)*

É neste sentido que penso que a paixão de formar caracterizar-se-ia por um movimento psíquico que se mantém apesar de todas as vicissitudes externas. Ele não se petrifica, não se banaliza, não se institucionaliza e permanece vivo. Mas é paradoxal, pois ao mesmo tempo que o professor apaixonado não se institucionaliza, ele necessita da instituição para atuar, para realizar-se, para revelar-se.

É nesse duelo que o professor procura deixar sua paixão sobreviver e encontrar vazão.

“Aquele que se divorcia e torna a se casar uma, duas, três vezes, encontra com frequência situações pouco diferentes da primeira” (p. 86). Alberoni ainda diz:

> *Não é a golpes de vontade que o mundo se faz luminoso e sempre renascente; é por isso que o enamoramento desaparece. [...] Para alguns pode ser luta, poesia; para outros, simplesmente a capacidade de se maravilharem continuamente consigo mesmos e com o mundo, procurando sem cessar, não o que dá segurança ou o que já é conhecido, mas o que é desafio, beleza, criação. A viagem ao exterior é, portanto, apenas a ocasião, o instrumento para uma contínua viagem ao interior; assim como a viagem ao interior é o estímulo contínuo para uma viagem ao exterior. Nessas situações, o enamoramento continua existindo, porque o estado nascente renasce. É um contínuo rever, redescobrir, renovar; renovar-se procurando os desafios e as ocasiões. (p. 86)*

Estes aspectos retiram do conceito de paixão a noção de superficialidade, fraqueza e volúpia. Eu diria que isto se dá em relação ao casamento com a profissão de educar: é um incessante trabalho de busca por renovar-se, de forma que “A vida cria o estado nascente, o encontro, os projetos, as provas, as ocasiões, mas também os destrói” (p. 87). Continua Alberoni:

> *Podemos apenas mover-nos nessa grande correnteza como uma pequena canoa em meio à tempestade. Não fazemos as ondas, nem as modificamos. Podemos*

> *atravessar o mar, com alegria ou fadiga, ou com ambos, e chegar à margem, ou até não chegar, e sentir alegria por chegar ou por não chegar. Talvez, mais do que uma arte de amor ou estar enamorado, baste saber do que se trata para fazermos nossa escolha cada vez mais conscientes da nossa humanidade. (p. 87)*

Ser professor apaixonado talvez se aproxime de um remar incessante. De uma luta interna constante contra impulsos destrutivos na busca da realização da arte de formar.

Nesse sentido, diz Alberoni:

> *Utilizando uma expressão gasta, podemos dizer que a cultura oficial, seja ela política, científica ou religiosa, reprime o estado nascente a dois, tornando-o algo de que não se pode falar de maneira apropriada. Nesta perspectiva, até a psicanálise, em todas as suas formas, dando importância à sexualidade e reduzindo todas as experiências a transformações da sexualidade, pratica um ato de remoção. Em relação ao século passado, o processo de remoção inverteu-se. No século passado [o XIX], a linguagem do amor romântico servia como instrumento de remoção da sexualidade. Hoje sucede ao contrário: a sexualidade, o falar sobre a sexualidade, as práticas sexuais servem para reprimir, tornam inconscientes outros desejos, outras formas através das quais se manifesta o eros. O conformismo e a remoção existem como antes, só mudaram de sinal. (p. 97)*

Este é um campo complexo, aquele que diz respeito aos desejos do homem; como deixá-los conscientes e torná-los sua propriedade? Essa é uma tarefa da qual a psicanálise procura ocupar-se e dar voz aos desejos do homem. Mas, aqui, aparece uma crítica à psicanálise no que se refere a dar muita voz à sexualidade e não aos outros desejos do homem. A psicanálise não procura priorizar um em detrimento do outro. O processo analítico, que se dá na relação analista-analisando, procura tornar conscientes desejos e angústias que estão inconscientes, sejam eles sexuais ou não.

Penso que a sexualidade está sempre presente na paixão de formar e por isso é paixão. Mas acredito que há uma relação libidinal que não é erotizada, possibilitando o desenvolvimento de si e do outro; e o jorrar da pulsão do saber. Assim, na relação professor-aluno os aspectos destrutivos, inconscientes ou não, ficam contidos para que a arte de formar e a criação do conhecimento possam emergir.

## A paixão no campo do vernáculo

Quais seriam os significados em língua portuguesa para os signos linguísticos de paixão e formar?

No *Novo dicionário da língua portuguesa* (Ferreira, 1986), assim se definem esses dois verbetes:

> *Paixão. (do latim* passio, nis*).* Sentimento ou emoção levados a um alto grau de intensidade, sobrepondo-se à lucidez e à razão. Amor ardente; inclinação afetiva e sensual intensa. *Afeto dominador e cego; obsessão.* Entusiasmo muito vivo por alguma coisa. *Atividade, hábito ou vício dominador. Objeto da paixão. Desgosto, mágoa, sofrimento. Arrebatamento, cólera. Disposição contrária ou favorável a alguma coisa, e que ultrapassa*

> *os limites da lógica; parcialidade marcante; fanatismo, cegueira.* A expressão de sensibilidade ou entusiasmo do artista que se manifesta numa obra de arte; *calor, emoção. (p. 1248, grifos meus)*

Aqui, o vocábulo amor é inserido no conceito de paixão. E, se não bastasse, Aurélio Buarque de Holanda, entre outras definições de amor, dá a seguinte: "Conjunto de fenômenos cerebrais e afetivos que constituem o instinto sexual. Afeto a pessoas ou coisas, paixão, entusiasmo" (p. 800). Passemos, então, ao outro verbete.

> *Formar. (do latim* formare*).* Dar a forma a (algo). Ter a forma de; semelhar-se a. Conceber, imaginar. Constituir, compor. Instruir, educar, aperfeiçoar. Fabricar, fazer. *Ser, constituir. Estabelecer, determinar, fixar.* Promover ou facilitar a formatura a. Fundar, criar. Lutar ao lado; participar das mesmas ideias. Constituir em; fazer. *Entrar em, formatura.* Tomar forma; desenvolver-se. *Adquirir a formatura universitária; doutorar-se. Educar-se, instruir-se, preparar-se. (p. 800, grifos meus)*

A partir dessas definições dadas pela semântica da língua portuguesa, torna-se possível estabelecer a relação entre paixão e formar.

A paixão é um sentimento que se sobrepõe à razão, enquanto formar é conceber, construir, mas o quê?

Não é apenas um formar por formar ou apaixonar-se por apaixonar-se, com um fim em si mesmo; mas a paixão e o formar adquirindo significado na busca de um objeto de amor que é o outro.

O outro é aqui entendido como o aluno entusiasmado, que busca assemelhar-se ao seu professor, em primeira instância, para depois criar suas próprias ideias; o professor entusiasmado em conceber o seu aluno aperfeiçoa-se e transborda sua paixão, dispondo-se a esvaziar-se para formar um outro. Assim, o aluno passa a ocupar um lugar de intimidade com o professor e com o objeto de investigação.

A paixão de formar, do ponto de vista do professor apaixonado, não é apenas a busca do instruir, no sentido acadêmico, mas é tomada como uma atividade ardente na qual há uma inclinação afetiva e sensual intensa. O dar aula é vivido como um vício dominador, em que o lúdico ocupa o lugar para a promoção do outro.

A busca por dar forma e tomar forma envolve sentir-se incompleto, deformado, querendo aperfeiçoar-se. Este é um sentimento de perder-se, de deformar-se e de deformar o outro, de não estar inteiramente concebido e de buscar e causar uma transformação. Nisto há sofrimento, dor, mágoa e desgosto. Mas é por se dispor a lidar com tais sentimentos que a paixão de formar emerge e encontra no ato educativo uma chama incandescente.

Que chama incandescente é esta?

Essa chama vem das fantasias inconscientes do aluno e do professor, que alimentam a paixão de formar. Essas definições de formar atendem às fantasias singulares de cada professor. Assim, a paixão de formar será expressa de acordo com as fantasias que a mobilizam.

## A paixão no campo da psicanálise

No *Novo dicionário da língua portuguesa* (Ferreira, 1986), na primeira definição de paixão, esta é descrita como Freud a concebia:

uma emoção muito intensa que se sobrepõe à lucidez e à razão. No seu texto "O ego e o id", Freud afirma: "O *id* contém as paixões" (1976h, p. 39). O *id* é uma das instâncias (*ego*, *id* e *superego*) diferenciadas por Freud na sua teoria do aparelho psíquico. O *id* constitui o polo pulsional[1] da personalidade, com conteúdos inconscientes (Laplanche & Pontalis, 1977). Se a paixão, para Freud, é tida como parte do *id*, ela é compreendida como sendo em grande parte inconsciente, o que a sobrepõe à razão, à consciência (não se pode tornar conhecida para o *ego*).

Tendo origem no inconsciente, as paixões têm como fonte os desejos infantis que estão ligados às primeiras relações de identificação. Duas grandes vertentes caracterizam-se como pulsões: Eros (pulsões de vida) e Tânatos (pulsões de morte).

Na concepção freudiana, pulsão é o suporte energético sobre o qual se apoia a construção do aparelho psíquico (Freud, 1976j, p. 129). Aquilo que se vê atuar são as representações das pulsões no mundo psíquico. As pulsões buscam um objeto por meio do qual possam obter satisfação.

As pulsões de vida são responsáveis pela sobrevivência de um indivíduo, a preservação da espécie, a realização de necessidades como sono, respiração, alimentação etc., junto com a satisfação das pulsões sexuais. As pulsões sexuais são extremamente fortes e erotizam todas as outras necessidades vitais, buscando a realização do próprio prazer, que, muitas vezes, está próxima das relações primitivas do bebê com a mãe e de suas identificações. Contudo,

---

1 Pulsão é o processo dinâmico que consiste numa pressão ou força (carga energética, fator de motricidade) que faz o organismo tender para um alvo. Segundo Freud, uma pulsão tem a sua fonte numa excitação corporal (estado de tensão), o seu alvo é suprimir o estado de tensão que reina na fonte pulsional, é no objeto, ou graças a ele, que a pulsão pode atingir o seu alvo (Laplanche & Pontalis, 1977, p. 506).

os impulsos agressivos também se encontram ligados às pulsões sexuais na busca da satisfação dos desejos sexuais (mudar o outro, desejos obsessivos etc.).

Muitas vezes, torna-se necessário reprimir os impulsos agressivos em função da convivência. Cria-se, portanto, uma luta de forças, ocorrendo, em geral, um rebaixamento dos instintos de vida. Tânatos, o grupo das pulsões de morte, é que quer a abolição das tensões (conflitos). No texto "Além do princípio do prazer", Freud (1976c) nos mostra a tentativa do organismo em buscar repetidamente a satisfação do desejo para retornar ao inorgânico, à vida intrauterina, ao estado do Nirvana; Tânatos anseia a abolição dos desejos: o retorno à matéria inanimada, da qual um dia a vida surge e sobrevive.

Verificamos que a fusão entre pulsão sexual e pulsão de morte define uma "operação química" que é obra de Eros; é Eros que tentará submeter parte da energia de Tânatos. Essa tentativa de Eros só se pode realizar transformando uma parte das metas de Tânatos — sexualizando-as e tornando-as narcísicas.

Em "Sobre o narcisismo: uma introdução" (1976m), Freud refere-se ao narcisismo primário como um estado precoce em que a criança investe toda a sua libido (energia sexual) em si mesma. O mecanismo secundário designa um retorno ao *ego* da libido retirada dos seus investimentos objetais.

> *O estar apaixonado consiste num fluir da libido do ego em direção ao objeto. Tem o poder de remover as repressões e de reinstalar as perversões. Exalta o objeto sexual transformando-o num ideal sexual. Visto que, com o tipo objetal (ou tipo de ligação), o estar apaixonado ocorre em virtude da realização das condições*

> *infantis para amar, podemos dizer que qualquer coisa que satisfaça esta condição é idealizada. (p. 118)*

Constata-se, deste modo, que Freud vincula a paixão às condições infantis para amar, à escolha narcísica de objeto e ao objeto idealizado.

Na escolha narcísica de objeto, o Eu (*ego*), investido de libido, escolhe um outro Eu que contém partes de seu próprio Eu: o Eu (*ego*) de um outro que se torna objeto. O Eu atribui ao Eu do outro um poder de prazer exclusivo. Essa dependência leva ao medo de ser rejeitado ou da própria rejeição do objeto, gerando sofrimento (pp. 109 -113).

Com relação à noção de narcisismo, Freud é levado a definir o que é idealização, cuja atuação já tinha sido por ele apresentada quando tratou da vida amorosa (hipervaloração sexual). Segundo Freud, a idealização é o processo psíquico pelo qual são exaltadas as qualidades e os atributos do objeto amado, atribuindo-lhe um valor de perfeição. Essa idealização é fortemente marcada pelo narcisismo. "Vemos que o objeto é dotado como o próprio *ego* e que, portanto, na paixão amorosa há uma quantidade importante de libido narcísica que transborda sobre o objeto" (p. 143).

Neste sentido, a paixão busca a exclusividade do objeto, e o objeto que satisfaz é o mesmo que frustra.

Quando a decepção acontece, quando a realidade se impõe à paixão, isto é, quando é possível verificar que o outro é diferente de nós, instala-se o princípio da realidade: pode nascer o amor.

Poder amar, ser capaz de investir no amado e experimentar prazer, pressupõe que já esteja assegurado um autoinvestimento (amor narcísico satisfeito). Este autoinvestimento (autoestima), por sua vez, implica que, uma vez realizado pelas metas da energia libidinal, o Eu se apropria e investe em proveito de seu próprio funcionamento psíquico, do espaço corporal que ele habita e dos prazeres que se podem sentir nesses dois espaços. Neste momento, o apaixonado pode descobrir que também tem condições de se mover dentro dele e de se diferenciar do objeto do amor e ganhar vida própria, ou, em contrapartida, não aguentar a desilusão, a frustração do princípio do prazer e desvitalizar-se ou morrer como expressão das forças de Tânatos.

Entre as aspirações e a satisfação total das pulsões sexuais (paixão) e a satisfação parcial que a vida nos permite (amor), há um excedente de energia sexual que não obtém descarga, um excedente de excitação que não se aquieta, porque não encontra o que o satisfaça plenamente.

Para lidar com esse excesso de energia o aparelho psíquico se utiliza de vários mecanismos, entre eles:

- a repressão: que é um mecanismo pouco eficaz, pois ou se transforma em sintomas, como no caso da histeria, ou aliena o indivíduo;
- o deslocamento do afeto: que se dá para um objeto socialmente aceito (às vezes associado à repressão);
- a transformação da libido: o que era amor, paixão, pode se transformar em ódio, em amor obsessivo, em crueldade;
- a sublimação: este processo é descrito por Freud para explicar as atividades humanas sem qualquer relação aparente com a sexualidade, mas que encontrariam seu elemento propulsor na força da pulsão sexual (Laplanche & Pontalis, 1977, p. 637).

Portanto, esse excesso de libido, no caso da sublimação, transforma-se numa expressão simbólica destes mesmos desejos. É só no simbólico, a partir da renúncia ao domínio concreto do princípio do prazer ("eu posso tudo"), que posso viver de uma forma compatível com o pacto de renúncias que a cultura exige. A sublimação é um mecanismo que não envolve a repressão e que visa a um bem, à civilização.

Neste sentido, podemos pensar que a paixão amorosa se distingue da paixão intelectual: enquanto a primeira busca a exclusividade do objeto, a segunda busca adesões, quer ser compartilhada pelo maior número de pessoas.

Isso nos remete às outras definições do Aurélio, nas quais a paixão é caracterizada como: "[...] entusiasmo por alguma coisa". Ora, paixão de formar pode envolver todos os aspectos psíquicos descritos, mas também traz uma contribuição à cultura, aproximando-se do conceito de sublimação. E, no sentido desta escolha do objeto, ao pensarmos num professor entusiasmado pela formação, aquele que, apesar das dificuldades, das frustrações, não desiste de sua atividade profissional (como descrito na introdução deste livro), não podemos afirmar que esse processo se aproximaria mais do amor do que da paixão? E, nesse sentido, poderíamos falar psicanaliticamente da paixão de formar como uma metáfora mais próxima do amor, da sublimação e até mesmo de "uma força revitalizadora que anseia pelo novo e pela criação, que é inesgotável" (Hönigsztejn, 1987; 1990, p. 102).

A paixão direcionada para o formar traz em si algo deformado ou que ainda não tomou forma e que necessita ser construído ou reconstruído. Nesta tarefa não são apenas impulsos libidinosos que estão envolvidos, mas também impulsos hostis e agressivos a serviço da reconstrução. Melanie Klein foi uma das pensadoras, no campo da psicanálise, que mais se ateve e sistematizou o fenômeno da criação, no qual esses processos citados transparecem.

Melanie Klein (1991) acredita que a noção de sublimação é insuficiente para conter os aspectos agressivos e hostis da personalidade. Assim, propõe o conceito de reparação como um mecanismo psíquico que busca a restauração dos objetos amados, introjetados, atacados pelas pulsões destrutivas. "O êxito da reparação supõe a vitória das pulsões de vida sobre as pulsões de morte" (p. 17).

A possibilidade de lidar com sentimentos de perda e de culpa dá origem ao desejo de restaurar e recriar as relações com os objetos amados perdidos, fora e dentro do *ego*. Para Klein (1991), esse desejo de restaurar e recriar é a base da sublimação e da criatividade futura. A sublimação é o resultado de uma renúncia bem-sucedida a um alvo instintual que só pode ocorrer mediante o luto.

A formação de símbolos é o resultado de uma perda, é um ato criador que envolve a dor e todo o trabalho de luto.

As fantasias depressivas dão origem ao desejo de reparar e de restaurar, tornando-se um estímulo para um desenvolvimento ulterior, "somente na medida em que o *ego* pode tolerar a ansiedade depressiva e manter o senso da realidade psíquica" (Segal, 1982, p. 248).

Por essa perspectiva, parece que o professor procura despertar nos alunos a mesma constelação intelectual, curiosidade epistemofílica que produziu nele o impacto para aprender. E o processo de reparação dos objetos primitivos perdidos na infância repete-se, sendo recriado no início de cada ano letivo, a cada turma de novos alunos.

A paixão de formar não seria uma busca de reparação dos objetos primitivos, contendo a sublimação e a criação? E como se dá a criação na paixão de formar?

Hanna Segal, ao falar da essência da criação estética, acredita que esta seja uma resolução da situação depressiva central, e que o fator principal da experiência estética é a identificação com este processo. No entanto, enfatiza mais o papel da idealização que se origina na posição esquizoparanoide. Segal concorda com Adrian Stokes, o qual afirma que "o artista busca o ponto exato em que pode simultaneamente manter o objeto ideal fundido com o *Self*, um objeto percebido como separado e independente, como na posição depressiva" (*apud* Segal, 1982, p. 271).

Elliot Jaques (1990, p. 267), a respeito da crise da meia-idade, fala da diferença entre o tipo de criatividade antes e depois dela. Antes da crise, o artista busca mais o objeto ideal; passada essa crise, o medo da morte, "ele está mais à procura da recriação do objeto, com vista na posição depressiva, segundo Melanie Klein" (Jaques, 1990, p. 267). Penso que isto também é possível para os professores.

Com relação à elaboração da posição depressiva, diz Jaques (1990):

> *[...] o equilíbrio predominante entre amor e ódio está do lado do amor; há uma fusão pulsional na qual o ódio pode ser mitigado pelo amor, e o encontro da meia-idade com a morte e o ódio adquire uma coloração diferente. São revividas as memórias inconscientes profundas do ódio — não negadas, mas mitigadas pelo amor; da morte e da destruição, mitigadas pela reparação e pelo desejo de viver; das boas coisas injuriadas e danificadas pelo ódio, novamente revividas e sanadas pelo pesar amoroso; da inveja espoliadora, mitigada pela admiração e pela gratidão; da confiança e da esperança, não através da negação, mas de um sentido interno profundo de que o tormento da dor e da perda, da culpa e da perseguição, podem ser tolerados e*

> *superados se enfrentados com uma reparação amorosa. (p. 267)*

O dar aula seria, então, uma atividade de reparação contínua e, ao mesmo tempo, de criação para aquele professor apaixonado pela formação, em que o ódio ficaria mitigado pelo amor.

O que caracteriza o desejo de formar? Que conflitos estão presentes? Qual é a fantasmática da formação?

A paixão de formar é uma atividade atravessada por tensões poderosas. Há uma luta permanente entre as pulsões de vida e as pulsões destrutivas que organizam e estabilizam toda a atividade da formação. Na pesquisa bibliográfica daqueles que refletiram sobre o assunto, encontramos em René Kaës (1984) alguns ensaios buscando a gênese do desejo de formar dentro da fantasmática da formação. Em "Quatre études sur la fantasmatique de la formation et le désir de former", Kaës sistematiza, a partir de um caso clínico, as concepções teóricas de seu objeto de estudo, as quais me inspiraram a buscar na experiência do professor a fantasmática da paixão de formar. Neste momento, passo a me referir a algumas de suas valiosas contribuições.

A formação, para Kaës (1984), é como o amor:

> *[...] um grande tema passional: muitas forças atravessam seu objeto, seus personagens, seus objetivos. Várias forças permeiam essa ação do homem, forças opostas de amor e ódio, vida e morte. Envolvem questões políticas, sociais, religiosas e psicológicas, mas é no que concerne aos aspectos psíquicos que desenvolve suas ideias. (p. 2)*

No que se refere à relação formativa, no professor e no aluno afloram sentimentos de amor e ódio, desejos contra as angústias e tendências destrutivas, há uma paixão que os anima. A paixão de formar é mobilizada por uma violência fundamental, em que há uma luta permanente entre as pulsões de vida e as pulsões destrutivas, atravessando, organizando, estabilizando as fantasias de base da formação. Podemos pensar que há uma pulsão para formar nos seres humanos que, vivendo em sociedade, criam suas crianças e lhes transmitem os conhecimentos e os processos que lhes permitem superar as deficiências da pré-maturidade e do vir a ser dos sujeitos sociais. Essa pulsão para formar, *libido formandi*, emanação da pulsão de vida, é um conflito — ela contém em si mesma uma violência com a pulsão de destruir, de deformar, reportando ao ato da cisão.[2]

Portanto, na relação formativa estão presentes estes conflitos entre pulsões de vida e de morte, que são necessários para que ocorra a formação, e, portanto, para que o aluno se desenvolva.

Esses aspectos focalizam o campo psicológico e toda sua dimensão na relação formativa. É o que me interessa investigar, pois considero que, na relação do formador e do ser em formação, entre os sentimentos e desejos que afloram, há uma paixão que os anima. Este foco tem sido pouco discutido. Meu interesse é buscar interpretações sobre como o formador necessita da atividade formativa para satisfazer suas fantasias; que tipo de fantasias e conflitos estão envolvidos para assegurar o desenvolvimento do outro?

A paixão de formar trata de assegurar o suporte, a transmissão e o desenvolvimento da vida contra as forças da destruição e da

---

2 Cisão é um conceito kleiniano derivado do conceito freudiano de clivagem do *ego*, uma divisão psíquica: uma parte tem contato com a realidade e a outra a nega, persistindo lado a lado sem se influenciarem reciprocamente (Laplanche & Pontalis, 1977, p. 101).

morte, sempre presentes no centro e no horizonte do projeto de formação. Na sua função primitiva, a fantasia assegura primeiramente o triunfo da pulsão de vida contra a pulsão de morte, que instala a angústia no coração do homem. A fantasia de formar é uma das modalidades específicas da luta contra a angústia e contra as tendências destrutivas e é por isso que, na sua forma mais pura, ela é uma fantasia de onipotência e de imortalidade e, em sua outra face, encontramos a destruição, a angústia e a culpa.

A fantasia é a principal organizadora de toda atividade, de todo pensamento que pode ser ou não reorganizado conforme os processos secundários,[3] ou paralisado por uma outra fantasia.

A fantasia organiza, mobiliza e canaliza a energia pulsional. É a representação imediata e direta do objeto que assegura o ajustamento intermitente mais pleno da tensão ao seu objetivo. A fantasia organiza, ou eventualmente paralisa; é a representação do repertório de desejos, de pulsões que lhe são atribuídas, de satisfações de desejos contra a angústia.

---

3 "Os dois modos de funcionamento do aparelho psíquico, tais como foram definidos por Freud. Podemos distingui-los radicalmente: a) do ponto de vista tópico: o processo primário caracteriza o sistema inconsciente e o processo secundário caracteriza o sistema pré-consciente-consciente; b) do ponto de vista econômico-dinâmico: no caso do processo primário, a energia psíquica escoa-se livremente, passando sem barreiras de uma representação para outra segundo mecanismos de deslocamento e de condensação; tende a reinvestir plenamente as representações ligadas às vivências de satisfação constitutivas do desejo (alucinação primitiva). No caso do processo secundário, a energia começa por estar 'ligada' antes de se escoar de forma controlada; as representações são investidas de uma maneira mais estável, a satisfação é adiada, permitindo assim experiências mentais que põem à prova os diferentes caminhos possíveis de satisfação. A oposição entre processo primário e processo secundário é correlativa da oposição entre princípio de prazer e princípio de realidade" (Laplanche & Pontalis, 1977, p. 474)

As propriedades organizacionais da fantasia lhe conferem uma função essencial dentro do ajustamento das relações objetais e intersubjetivas, isto é, a trama intemporal do cenário da constelação das fantasias, que se atualizam dentro de cada história singular, de cada reencontro. Com relação às fantasias envolvidas na paixão de formar, parece que estas se reatualizam a cada ano letivo, a cada início de turma, a cada classe.

As fantasias que pretendo investigar representam o já formado; o que de fato mobiliza a atividade de formação são as fantasias que dizem respeito à criação, à fabricação, à modelagem dos seres, tratados pelo inconsciente como objeto. A formação se organiza sobre uma constelação de fantasias cujo eixo é constituído pela representação da origem do ser humano e do papel dos pais nesta construção.

Kaës vai deter-se no dualismo pulsional e na prevalência das pulsões libidinais, na importância dos componentes pré-genitais, pré-edípicos e anais, nas pulsões parciais e sobre a retenção fantasmática correspondente dentro da atividade formativa. As angústias depressivas e as atividades reparadoras têm papel fundamental no processo de formação, já que a capacidade de lidar com essas angústias e de projetar e introjetar objetos bons vai assegurar uma atividade formativa satisfatória. A compulsão para formar expressa uma "luta contra as tendências destrutivas", quer seja de angústias, quer seja de culpa, provocando a necessidade de combater a "deformação deprimente pela deformação reparadora" (Searles, 1981, pp. 47-74; Kaës, 1984, p. 5).

As fantasias são as representações mentais das pulsões, as pulsões de vida e de morte. Essas não nos são acessíveis diretamente e de maneira dedutiva. As fantasias de formação não provêm de uma única fonte, quer esta fonte seja uma determinação extrapsíquica ou um desejo de independência, um desejo de não deformar o outro, quer seja uma série de representações ligadas a todo mundo psíquico consciente e inconsciente do sujeito. Como afirma Kaës (1984):

> *Se a atividade de formação se organiza segundo as linhas de forças intemporais das fantasias inconscientes que a mobilizam, ela se desenvolve sobretudo com temporalidade, história, reencontro de sujeitos, demanda e oferta, tentativa de redução de uma distância que motiva uma procura de transformação. No entanto a atividade de formação não só requer uma técnica educativa específica, mas ela é, por excelência, a técnica humana que assegura a permeabilidade entre a realidade psíquica e a realidade externa. (p. 7)*

A atividade de formação supõe o uso de recursos e de técnicas e meios instrumentais mais elaborados que são necessários para a manutenção da vida. Contudo a visão formativa não pode mostrar *a priori* este objetivo. Ela deve seguir o próprio movimento, imprevisível como o desejo do homem. É o homem na qualidade de quem deseja, daquele que se preocupa na hora da formação, que mobiliza a paixão e o sentimento de risco, porque se trata de tornar o homem disponível para a formulação do seu desejo e do seu conhecimento da realidade para aqueles humanos que se estão formando. É verdade que a formação pode sempre se reduzir a uma técnica pura que diminuirá a economia de risco e tornará racional a paixão: a formação perderá, então, a origem própria de seu interesse pelo homem, ela deixará também de ser uma obra de imaginação e desejo, uma poesia humana.

## Algumas relações entre os conceitos psicanalíticos e o tema proposto

A transferência é "o processo pelo qual os desejos inconscientes se atualizam sobre determinados objetos no quadro de um certo tipo de relação estabelecida com eles e, eminentemente, no quadro da relação analítica" (Laplanche & Pontalis, 1977, p. 668).

A transferência existe sempre, em qualquer relação inter-humana e em qualquer comportamento. Habitualmente, entende-se que toda transferência é uma transferência de aspectos infantis, aspectos ou características internas nem sempre conscientes. Estes aspectos internos são as identificações, conflitivas ou não, integradas ou dissociadas, contraditórias ou ambíguas, que pertencem ao indivíduo. Refere-se aos aspectos presentes em todo comportamento mantido por um indivíduo não só na atualização de todo o seu passado e de todo o seu futuro, como também na manifestação de sua personalidade.

Em "A dinâmica da transferência" (1976a), Freud refere-se a "clichês ou séries psíquicas" formados pelo sujeito a partir das vivências infantis e que determinam "a modalidade especial de sua vida erótica" (p. 133). É durante o desenvolvimento da análise que surgem reedições ou produtos *fac-símiles* dos impulsos e das fantasias despertados e tornados conscientes e que trazem como singularidade característica a substituição de uma pessoa anterior pela pessoa do analista.

Assim, o professor pode tornar-se um suporte dos investimentos do aluno à medida que pode ser objeto de uma transferência e vice-versa, então o que se transfere são as experiências vividas principalmente com os pais, que se tornam atualizadas ganhando vida na relação professor-aluno. Penso que o que está em jogo é a transferência de algo vivido com o pai e que agora é vivido com outra pessoa, tanto do ponto de vista do aluno como do professor.

O que se transfere na relação da paixão de formar?

No vínculo transferencial que se dá entre o professor e o aluno, ocorre a transferência de muitos aspectos infantis ou características internas que se constituem nas identificações. Essas podem ser conflitivas, dissociadas, ambíguas ou integradas, configurando a personalidade do professor e do aluno.

A mais remota expressão de uma identificação é o laço emocional vivido pela criança em relação às figuras parentais. Esta modalidade de laço da criança com outra pessoa foi descrita principalmente como a primeira relação com a mãe antes de existir a diferenciação entre o *ego* e o *superego*. Laplanche e Pontalis (1977) afirmam que, numa identificação:[4]

> *[...] o que está em jogo é ser como o outro a quem se está identificado. Ou seja, o indivíduo assimila um aspecto ou qualidade do outro e "transforma-se", total ou parcialmente, segundo o modelo dessa pessoa. A personalidade constitui-se e diferencia-se por uma série de identificações. (p. 295)*

4 A identificação primária é descrita por Laplanche e Pontalis como: "Um modo primitivo de constituição do indivíduo, segundo o modelo do outro, que não é secundário a uma relação previamente estabelecida, em que o objeto estaria inicialmente situado como independente. A identificação primária é estritamente correlativa da chamada relação de incorporação oral". A identificação primária opõe-se às identificações secundárias que vêm sobrepor, não apenas na medida em que ela é a primeira cronologicamente, mas também em que não se teria estabelecido consecutivamente a uma relação de objeto propriamente dita e seria a forma primeira do laço afetivo com o objeto (Freud, 1976l). Na identificação secundária, o modelo não é mais o outro, mas traços que lhe são tomados de empréstimo (Laplanche & Pontalis, 1977, p. 295).

Melanie Klein (1975b), em "Sobre a identificação", afirma que os processos de identificação e introjeção têm um papel central na construção do psiquismo humano, fazendo parte do desenvolvimento normal. É o meio pelo qual se vai estruturando o mundo interno e os objetos primários internalizados, junto com a realidade externa. "Os objetos internalizados primários formam a base dos processos complexos de identificação" (p. 74). A ansiedade persecutória é a forma primeira de ansiedade, seguida, então, pela ansiedade depressiva; a introjeção e a projeção operam desde o início da vida pós-natal e interagem constantemente. O mundo interno é constituído de objetos, principalmente a mãe, internalizados nos vários aspectos e situações emocionais. No desenvolvimento normal, ao final do primeiro ano de vida, a ansiedade persecutória diminui e a ansiedade depressiva pode vir para o primeiro plano, em consequência da maior capacidade de integração e sintetização do *ego* e de seus objetos e da maneira de lidar com os sentimentos ambivalentes de amor e ódio. O processo de simbolização que dá origem à curiosidade epistemofílica inicia-se neste momento psíquico.

É a partir do jogo das identificações que vão se organizando as relações do indivíduo com as várias instâncias que constituem o aparelho psíquico: *id*, *ego* e *superego*.

O *id* é a instância psíquica constituída pelas "pulsões de vida e morte, amor e ódio, cujos conteúdos são inconscientes; é onde se localizam as fontes primitivas que contêm as paixões e os desejos do homem" (Laplanche & Pontalis, 1977, p. 171). Contrapondo-se ao *id*, está o *ego*, vinculado à realidade, embora dependente do *superego* e do *id*. Como afirmam esses autores, "o ego surge como um fator de ligação dos processos psíquicos com a realidade externa, mobilizando mecanismos de defesa necessários para que o indivíduo transforme em realidade seus desejos" (p. 285).

*Superego*,[5] na terminologia freudiana, engloba os conceitos de *ideal do ego* e de *ego ideal*, embora não tenha sido totalmente discriminado naquilo que tange a tais conceitos.

O termo *superego* foi introduzido por Freud em 1923, em "O ego e o id", como uma alternativa ao termo *ideal do ego*, com a implicação de que *ideal do ego* e *superego* eram idênticos. Por outro lado, o termo ideal do ego, que Freud, em 1914, introduziu originalmente em "Sobre o narcisismo", tinha um significado completamente diferente. Naquela época, o *ideal do ego* diferenciava-se de uma instância psíquica específica, a consciência, relacionando-se à "perfeição narcísica da infância", e sugerindo que este ideal era um substituto do narcisismo perdido, no qual nós seríamos nosso próprio ideal. Essa explicação sugere uma conexão entre o *ideal do ego* e fantasias onipotentes da primeira infância, quando o bebê se vê, em fantasia, no papel de uma figura ideal onipotente ou possuindo um objeto ou objetos parciais ideais, frequentemente o seio ou o pênis.

Nas "Novas leituras introdutórias", Freud (1976g) tratou da distinção entre *superego* e *ideal do ego*, diferenciando o significado dos termos. O *superego* seria um veículo do *ideal do ego*, pelo qual o *ego* se avalia e cuja demanda de perfeição é tentado sempre a

---

5 *Superego* é a instância da personalidade cujo papel é assimilável ao de um juiz ou de um censor em relação ao *ego*. Freud vê na consciência moral, na auto-observação, na formação de ideais, funções do *superego*. É herdeiro do complexo de Édipo; constitui-se por interiorização das exigências e das interdições parentais (Laplanche & Pontalis, 1977, p. 643). O *ideal do ego* é a instância da personalidade resultante da convergência do narcisismo (idealização do *ego*) e das identificações com os pais, com os seus substitutos e com os ideais coletivos. Enquanto instância diferenciada, o *ideal do ego* constitui um modelo a que o indivíduo procura conformar-se (Laplanche & Pontalis, 1977, p. 289). *Ego ideal* é a formação intrapsíquica que certos autores, diferenciando-a do *ideal do ego*, definem como um ideal narcísico de onipotência forjado a partir do modelo do narcisismo infantil (Laplanche & Pontalis, 1977, p. 190).

cumprir. Ele afirma que "não há dúvida de que o ideal do ego é o precipitado da antiga ideia [da criança] sobre os pais, uma expressão da admiração que a criança sentiu pela perfeição que naquela época atribuiu a eles" (p. 88). Rosenfeld (1962) utiliza-se do termo *ideal do ego* para descrever "o aspecto do superego que se origina da identificação com os objetos idealizados" (pp. 258-263).

O *ego ideal* é revelado por admirações apaixonadas por grandes personagens da história ou da vida contemporânea, caracterizados pela sua independência, pelo seu orgulho, pela sua ascendência. É concebido como um ideal narcísico onipotente que não se reduz à união do *ego* com o *id*, antes compreende uma identificação primária com outro ser, investido da onipotência, isto é, com a mãe, servindo de suporte de uma "identificação heroica" (Laplanche & Pontalis, 1977, p. 190). O *ego ideal* é, portanto, composto de "objetos ideais" que podem ser utilizados pelo *self*, em contato com a realidade, "possibilitando a criação" (Segal, 1982, p. 271).

Este processo se dá por meio das identificações que só poderão ser capturadas no outro se o indivíduo investir este outro de libido objetal. Ele investe de libido o outro, que, investido, retorna munido de traços identificatórios. É no momento do deslocamento da libido narcísica para o outro que se torna mais importante aquela relação. Há sempre um *quantum* de libido narcísica que persiste, uma estima de si mesmo que convive com a estima pelo objeto. É exatamente esse jogo de transformações da libido e de investimentos objetais que permite a um objeto ocupar o lugar de *ideal do ego* do sujeito.

Este mecanismo é descrito por Freud em "Além do princípio do prazer", em 1920, quando analisa, de um lado, "o fenômeno da supervalorização sexual" que pode ocorrer no "enamoramento" e, de outro, a constituição libidinal dos grupos humanos.

Em "Psicologia de grupo e análise do ego", Freud afirma:

> *Reconhecemos, com efeito, que o objeto é tratado como o próprio ego do sujeito, e que, no enamoramento, uma parte considerável da libido narcísica passa ao objeto. Em algumas formas de eleição amorosa evidencia-se inclusive que o objeto serve para substituir um ideal próprio e não alcançado pelo ego. Amamos o objeto devido às perfeições a que aspiramos para o nosso próprio ego, e que gostaríamos agora de buscar por este rodeio para a satisfação de nosso narcisismo. [...] o ego se faz cada vez menos exigente e mais modesto e, em troca, o objeto se torna cada vez mais magnífico e precioso, até apoderar-se de todo o amor que o ego sentia por si mesmo, processo que leva, naturalmente, ao sacrifício voluntário e completo do ego. Pode-se dizer que o objeto devorou o ego. (1976l, p. 143)*

Nesses casos, Freud observou o emudecimento do *ideal do ego*,

> *[...] que neste contexto parece estar acumulando as funções do superego [...] desaparecem por completo as funções exercidas pelo ideal do ego. A crítica exercida por esta instância emudece, e tudo aquilo que o objeto faz ou exige é bom e irrepreensível. A consciência cessa de intervir quando se trata de algo que pode ser favorável ao objeto, e na cegueira amorosa se chega até mesmo ao crime sem remorsos. Toda a situação pode ser resumida na seguinte forma: o objeto ocupou o lugar do ideal do ego do ego. (p. 145)*

Freud demonstra que, ao seguir um líder, uma massa estará na verdade sujeita a esse mesmo mecanismo descrito em relação ao enamoramento.

O professor tem um papel fundamental na representação desses ideais na relação com o seu aluno. Ideais cuja função é decisiva na estruturação do ser psíquico — do *ego*, como Freud nomeou, sem os preconceitos que hoje cerceiam o uso do termo — e em suas possibilidades de alcançar uma ação educativa satisfatória, posto que é pelos laços das identificações que o sujeito poderá vir a suprir as frustrações vividas pelo fracasso do projeto narcísico infantil.

Podemos ver em operação estas instâncias ideais na relação professor-aluno durante a situação de aprendizagem: o professor pode ser visto como um líder da sua classe.

Millot (1987) inspirou-se nesses textos freudianos para demonstrar que a relação pedagógica se constitui e perdura graças à ação desse jogo, característico de certas relações amorosas e das relações de uma massa com seu líder. Se estes são os mecanismos responsáveis pelo deslocamento do *ideal do ego* do aluno para o professor, podemos pensar que há algo de específico que mobiliza "eleições amorosas" ou relações de dominação na situação pedagógica.

Em "Algumas reflexões sobre a psicologia do escolar", de 1914, Freud afirma que:

> *a aquisição do conhecimento depende estreitamente da relação do aluno com seus professores. É a partir do jogo das transformações da libido objetal e da libido narcísica que a criança assimila os traços das pessoas que a rodeiam e que torna suas as exigências dessas pessoas. No decorrer do período de latência, são os professores e geralmente as pessoas que têm a tarefa de educar que tomarão para a criança o lugar dos pais, do pai em particular, que herdarão os sentimentos que a criança dirigia a este último na ocasião da resolução edípica. Os educadores investidos da relação afetiva*

> *primitivamente dirigida ao pais se beneficiarão da influência que este último exercia sobre a criança e poderão desse modo contribuir para a formação do ego ideal dessa criança. (Freud, 1976d, p. 282)*

Cristina Kupfer (1990), nas conclusões de *O desejo de saber*, cita Barthes, referindo-se ao efeito produzido pela fala do professor no aluno: "O aluno fascina-se porque pode identificar-se com o seu professor, imaginar que ele sabe o mesmo e por ele se apaixona" (p. 193). Este é o movimento descrito por Freud para caracterizar o enamoramento e que Catherine Millot diz estar presente na relação de ensino. Assim como o enamorado coloca o amante no lugar de ideal, também o aluno sente-se fascinado por seu professor e o coloca no lugar de ideal. Pela via da identificação, o professor é colocado pelo aluno no lugar de modelo que sustenta toda a relação pedagógica.

À medida que o professor se coloca como alguém que não o dono do saber, nem de todas as certezas absolutas, o educador identifica-se, na relação pedagógica, com a criança. Esta projeta no professor aspectos de seus ideais, buscando o saber e o conhecimento para desenvolver sua curiosidade investigativa.

A multiplicidade das emoções envolvidas na formação gera uma pluralidade de debates e polêmicas, possibilitando encontros, reconhecimento, em vez de gerar uma relação de aprendizagem desvitalizada e vazia. Em função do encontro apaixonante, das diferenças e do envolvimento das instâncias ideais, a criação e o conhecimento podem emergir positivamente. "Que a paixão seja bem-vinda, filha do desejo" (Dantas, 1991).

Os mecanismos psíquicos que operacionalizam a paixão de formar na relação professor-aluno são a sublimação e a reparação, que passo a descrever agora.

## Sublimação e reparação

O conceito de sublimação foi introduzido por Freud, na psicanálise, evocando ao mesmo tempo o termo "sublime", usado sobretudo no domínio das belas-artes para designar uma produção que sugira a grandeza, a elevação, e o termo "sublimação", utilizado para designar o processo em que um corpo passa diretamente de um estado sólido a um estado gasoso.

Freud, ao longo de toda a sua obra, recorre à noção de sublimação para explicar, do ponto de vista dinâmico e econômico, certos tipos de atividades alimentadas por um desejo que não visa, de forma manifesta, a um alvo sexual: por exemplo, a criação artística, a investigação intelectual e, em geral, as atividades a que uma dada sociedade confere grande valor. É numa transformação das pulsões sexuais que Freud procura a causa última desses comportamentos:

> *A pulsão sexual põe à disposição do trabalho cultural quantidades de força extraordinariamente grandes, e isto graças à particularidade, especialmente acentuada nela, de poder deslocar o seu alvo sem perder, quanto ao essencial, a sua intensidade. Chama-se a esta capacidade de trocar o alvo sexual originário por outro alvo, que já não é sexual, mas que psiquicamente se aparenta com ele, capacidade de sublimação (Laplanche & Pontalis, 1977, p. 637).*

O campo das atividades sublimadas nunca foi bem delimitado por Freud. Deverá incluir-se nele o conjunto do trabalho do pensamento, ou apenas certas formas de criação intelectual?

Com a introdução da noção de narcisismo e com a última teoria do aparelho psíquico, surge a ideia de uma transformação de uma atividade sexual numa atividade sublimada dirigida para objetos exteriores, necessitando de um tempo intermediário, a retratação da libido pelo *ego*, que torna possível a dessexualização. Freud (1976h) diz que:

> *Se esta energia de deslocamento é libido dessexualizada, estamos no direito de lhe chamar também sublimada porque, servindo para instituir este conjunto unificado que caracteriza o ego ou a tendência deste, ela harmonizar-se-ia sempre com a intenção principal do Eros, que é unir e ligar. (p. 44)*

Melanie Klein (1981a) vê na sublimação "uma tendência para reparar e restaurar o bom objeto, primeiro objeto de identificação introjetado, despedaçado pelas pulsões destrutivas" (p. 17). Para Klein, o trabalho de reparação não exclui a carga libidinal. O êxito da reparação supõe a vitória das pulsões de vida sobre as pulsões de morte.

Para Segal (1982), as fantasias depressivas dão origem ao desejo de reparar e restaurar e se tornam um estímulo para um desenvolvimento ulterior somente na medida em que o *ego* pode tolerar a ansiedade depressiva e "manter o senso da realidade psíquica" (p. 248).

A capacidade de lidar com a posição depressiva é precondição para a maturidade genital. Como afirma Segal:

> *Se os pais forem sentidos como tão completamente destruídos que não há nenhuma esperança de jamais recriá-los, não é possível uma identificação bem-sucedida e nem a posição genital pode ser mantida, nem a sublimação pode-se desenvolver. (p. 255)*

Esses aspectos apontados são importantes, pois são demarcadores para os professores que puderam de certa forma alcançar a sublimação e a reparação na medida em que desenvolveram sua capacidade de simbolização e conhecimento, trazendo uma contribuição à sociedade. Este é o resultado de uma renúncia bem-sucedida, de um alvo instintual que só pode ocorrer mediante o luto. A formação de símbolos é também o resultado de uma perda; é um ato criador que envolve a dor e todo o trabalho de luto.

Tanto para se atingir um estado sublimatório como para se efetivarem as reparações psíquicas, é necessário que o indivíduo possa lidar com fantasias de perda, isto é, luto das primeiras identificações, das primeiras relações de objeto, do paraíso perdido na infância.

Penso que há uma fonte de desejos infantis, inconscientes, latentes, que se tornam manifestos na paixão de formar — é um *quantum* de pulsão de vida e de pulsão sexual, que se transforma e se manifesta no professor apaixonado, no momento da aula. Mas esta pulsão não atua erótica ou libidinalmente. Isto dá à paixão de formar o caráter criativo, apaixonante, reparador, restaurador e também sublime.

O amor e a pulsão sexual ficam presentificados por meio da realização de desejos infantis na paixão de formar; a aula é a expressão do conteúdo manifesto destes conteúdos latentes.

Acredito que, por meio desse levantamento teórico, algumas respostas tornam-se articuladas para a seguinte questão: qual o movimento psíquico que caracteriza a paixão de formar?

No entanto, para aproximar-se mais do método psicanalítico freudiano, estas respostas tornam-se insuficientes. Por isso pretendo buscar, a partir da empiria, com entrevistas realizadas com professores, a experiência viva da paixão de formar. E, como decorrência, elaborar interpretações psicanalíticas para o que concebo como a paixão de formar.

O primeiro passo será a descrição da metodologia utilizada para a coleta de dados, que difere da metodologia psicanalítica, uma vez que o material aqui presente não é fruto de situação de análise contida num *setting* analítico, mas fruto de entrevistas *não diretivas*, que estão descritas no Capítulo 2. No Capítulo 3, analiso essas entrevistas, reconhecendo a paixão de formar muito mais próxima da experiência real e viva do professor.

# 2. Os caminhos da descoberta

*Penso que só há um caminho para a ciência ou para a filosofia: encontrar um problema, ver a sua beleza e apaixonar-se por ele; casar e viver feliz com ele até que a morte os separe — a não ser que encontrem um problema ainda mais fascinante, ou, evidentemente, a não ser que obtenham uma solução. Mas, mesmo que obtenham uma solução, poderão então descobrir, para seu deleite, a existência de toda uma família de problemas-filhos, encantadores, ainda que talvez difíceis, para cujo bem poderão trabalhar, com sentido, até o fim dos seus dias.*

(K. Popper, *Em busca de um mundo melhor*)

A paixão de formar se apresentou para mim como um problema fascinante e apaixonante. Descrevo aqui os caminhos para desvelá-la. Ao tratar da metodologia que utilizei para recolher os dados, na busca de desvendar os mecanismos psíquicos da paixão de formar, espero desencadear no leitor outros problemas-filhos que o encantem, que outros caminhos possam ser descobertos e que esta questão não pare por aqui.

A escolha de decifrar a paixão de formar do ponto de vista psicanalítico, por meio do material coletado, tem como apoio a técnica de coleta de dados utilizada pela antropologia. Essa busca sofreu influência da própria formação e prática psicanalítica. Vou, pois, contando com o apoio da escuta e formação analítica, embora empregando-as fora do *setting* analítico.

Foram utilizadas entrevistas em que a interferência foi a menor possível, atribuindo ao professor a organização de seu discurso, suas associações livres em relação ao tema proposto, procurando não introduzir temas pessoais. Ao contrário, buscou-se a utilização dos próprios conteúdos do discurso do professor para ampliar e aprofundar o tema proposto.

O campo de investigação foi delimitado e, a partir disso, por meio do diálogo, procurou-se esclarecer e aprofundar a narrativa, sem emitir qualquer julgamento ou opinião pessoal que pudessem infletir o fio condutor do discurso do entrevistado.

Essa técnica de entrevista se aproxima da ideia de primeira entrevista psicanalítica descrita por Bleger (1980):

> *[...] a obtenção de alguns dados objetivos, um entendimento da história de vida do indivíduo, sem contudo deixar de apreender também aquilo que está sendo dito nas entrelinhas da narrativa.*

No campo antropológico, Guy Michelat (1987) justifica as contribuições trazidas para o campo científico com a utilização de entrevistas *não diretivas*:

> *Sua contribuição parece-nos essencial todas as vezes em que se procura apreender e prestar conta dos sistemas de valores, de normas, de representações, de símbolos*

> *próprios a uma cultura ou a uma subcultura. [...] O recurso à entrevista não-diretiva repousa igualmente sobre a hipótese de que a informação mais facilmente acessível, aquela que é conseguida por questionário, é a mais superficial, a mais estereotipada e a mais racionalizada. [...] Ao contrário, a informação conseguida pela entrevista não-diretiva é considerada como correspondendo a níveis mais profundos, isto porque parece existir uma relação entre o grau de liberdade deixado ao entrevistado e o nível de profundidade das informações que ele pode fornecer. A liberdade deixada ao entrevistado (sendo a não diretividade todavia relativa) facilita a produção de informações sintomáticas que correriam o risco de serem censuradas num outro tipo de entrevista. [...] Quanto mais importante é o material, mais ele se enriquece com elementos que permitem ao analista atingir níveis mais profundos. [...] o que é da ordem afetiva é mais profundo, mais significativo e mais determinante dos comportamentos do que o que é apenas intelectualizado. Isto não quer dizer que o que é afetivo não tem seu correspondente numa expressão intelectualizada, ou não tem componente intelectualizado [...] Considera-se que a entrevista não-diretiva permite, melhor do que outros métodos, a emergência deste conteúdo sócio-afetivo profundo, facilitando ao entrevistador o acesso às informações que não podem ser atingidas diretamente (pp. 192-194).*

Essas observações podem ser aplicadas tanto à entrevista em que o objetivo é a análise psicológica do indivíduo, quanto a entrevistas destinadas à análise de fenômenos sociais.

Michelat procura abordar, a partir do individual e do afetivo, o sociológico, principalmente, tendo em vista que o indivíduo, devido à interiorização dos modelos culturais, não fala o que sabe, mas o que sente e pensa enquanto representante de um grupo. Cabe ao pesquisador reconhecer e captar no discurso manifesto do entrevistado o conteúdo latente, no sentido psicanalítico, para se chegar a hipóteses de interpretação.

Estas contribuições de Michelat trazem um substrato metodológico para possibilitar o desenvolvimento desta pesquisa. A experiência demonstrada pelo autor confirma a veracidade deste estudo que, partindo de entrevistas *não diretivas*, pretende chegar a conteúdos mais significativos e de ordem afetiva, sendo, portanto, menos racionalizados. É um recurso metodológico que permite a interpretação psicanalítica, o acesso ao mundo inconsciente do professor por meio do seu discurso consciente.

Foram elaborados alguns pontos para uma entrevista aberta em que colhi material para este trabalho, como:

- Dados pessoais, formação acadêmica, história familiar, interesses e preocupações profissionais atuais.
- Como se deu a escolha profissional, que tipo de influências e modelos interferiram.
- Descrição da primeira experiência de dar aula.
- Caracterização do estilo próprio de dar aula, dificuldades, exemplos de aulas bem-sucedidas e malsucedidas.
- O que é formar.
- O que é paixão de formar, o que o apaixona na formação, o que o motiva, o que o mobiliza, que interesses tem, como a descreve. Onde está o prazer no exercício da arte de formar.

Foram realizadas trinta horas de entrevistas, com cinco professores da área de ciências humanas (P1, P2, P3, P4, P5), no período de 1988 a 1989.

Os professores entrevistados foram escolhidos por demonstrarem entusiasmo pela arte de formar, por serem bem-sucedidos e eficazes na transmissão do conhecimento, sendo assim caracterizados não só por mim, mas por outros professores e alunos.

Estes são aquilo que chamei de professores apaixonados, ficando, portanto, excluídos aqueles professores que são apaixonados e ineficazes na transmissão do conhecimento, assim como bons professores com eficácia em transmitir informações, mas sem entusiasmo pela arte de formar.

Além das entrevistas, fiz observações de aula desses professores, nas quais o meu objetivo era estar identificada com os alunos, sem perder o caráter de pesquisadora e observadora. Essas observações serviram como uma ponte entre a entrevista e a realidade da prática profissional, comprovando a eficácia da transmissão do conhecimento e o estilo do professor entrevistado.

Foram realizados em média três contatos com cada professor, de aproximadamente duas horas cada. O local da entrevista foi estipulado por eles: na sua casa ou no escritório.

Os professores aceitaram de pronto e, com rapidez, ofereceram horários para que as entrevistas pudessem ocorrer; elas foram gravadas e depois transcritas.

Penso que o fato de ter sido indicada por outros professores e também o tema deste trabalho facilitaram os contatos.

No primeiro encontro com os professores, contava o conjunto de temas em que estava interessada e, durante as entrevistas, procurava garantir que nenhum fosse deixado de lado. Iniciava pela história de vida acadêmica, que se mesclava com a história de vida pessoal, até chegar à situação de aula propriamente dita e o que o motivava a ser professor, bem como as vicissitudes da profissão. Parti, assim, do mais concreto, mais conhecido, mais antigo, para depois chegar aos aspectos mais afetivos e abstratos de ser professor.

Realizou-se um contrato ético, no qual eu me comprometia a não os identificar, a apenas utilizar suas falas e, sempre que possível, discutir todas as conclusões com cada um.

Ao ouvir, novamente, algumas fitas, pude perceber um clima mais formal no primeiro contato, que talvez se tenha dado por algum tipo de dificuldade de aproximação. Rompidas as resistências iniciais, estas desapareceram no decorrer das entrevistas. Tais aspectos são observáveis por meio do tom de voz do professor, do conteúdo trazido de modo mais formal, pela estruturação das frases, pelo tempo levado para iniciar o relato dos fatos e pela forma como as associações livres foram surgindo.

De modo geral, o primeiro contato foi fácil, assim como se foram dando os relatos de suas experiências e de sua vida. Sentiam-se curiosos em ter uma oportunidade de vir a saber coisas sobre si mesmos relacionadas com seu envolvimento na arte de formar.

> P2 *[...] estou interessado em dar algumas contribuições para a didática, acho que com esse trabalho poderemos descobrir algumas contribuições para esta área tão necessária [...]*
>
> P3 *[...] O que me envolve na arte de formar? Isto é o que eu quero que você descubra com seu trabalho [...]*

Nesses encontros mantivemos um nível de proximidade e empatia como se nos conhecêssemos há muito tempo. Senti-me próxima dos professores, ora identificada com aspectos de sua atividade profissional, ora com as emoções por eles relatadas, embora procurasse não perder de vista meu objetivo, sempre preocupada em levantar dados para compreender os mecanismos psíquicos que envolvem a sua personalidade na arte de formar. Durante as entrevistas, ao ouvir o relato dos entrevistados, muitas vezes, não percebia a hora passar, talvez como os alunos se veem durante as aulas destes. Ao mesmo tempo, os professores se sentiam agradecidos por serem ouvidos e por terem a oportunidade de fazer um balanço de seu trabalho, podendo falar daquilo que os anima, que os envolve. Penso que o fato de eu ser ali uma pesquisadora e também uma psicanalista influiu no clima e na experiência das entrevistas, embora a proposta não tivesse caráter terapêutico.

Este campo da paixão de formar mostrou-se, de certa forma, desconhecido ou inconsciente para os professores. Embora reconhecessem sua existência durante as entrevistas, houve momentos em que descobrimos juntos fatores significativos, talvez anteriormente não conscientes, que determinavam o envolvimento destes professores com a arte de formar. Tais momentos contribuíram para me assegurar da validade de meu objeto de estudo: que características psíquicas compõem este envolvimento com a arte de formar?

A preciosidade do material recebido durante as entrevistas, o envolvimento destes professores com a arte de formar, como pessoas cheias de emoções e sentimentos, vêm ao encontro da luta da psicanálise para valorizar a necessidade de respeitarmos os fenômenos psíquicos como algo íntimo e singular. Procurarei ser o mais fiel possível aos preceitos psicanalíticos ao me utilizar do material coletado, respeitando o contrato ético realizado com cada professor no início das entrevistas.

Utilizei especificamente alguns aspectos dos relatos mais vinculados à paixão de formar.

Teoricamente, a análise interpretativa, também do ponto de vista psicanalítico, não tem fim, assim como se pode considerar que uma entrevista jamais termina. É sempre possível modificar o esquema obtido, prosseguir a interpretação, descobrindo novas sobreinterpretações. Michelat (1987) afirma:

> *Os temas se desdobram ao infinito. O único critério de que podemos dispor é constituído pela coerência interna entre o material coletado nas entrevistas e as hipóteses interpretativas que tentarei desenvolver: do conteúdo manifesto, articulado coerentemente, com o conteúdo latente interpretado. (p. 208)*

Jacques Maître (1988), apresenta uma ideia interessante:

> *[...] a analogia entre sonho como tentativa de realização dos desejos individuais e a ideologia como satisfação, pelo pensamento de necessidades comuns. Esse paralelismo é um dos principais pivôs que articulam os planos sociológico e psicanalítico a propósito da ideologia. (p. 205)*

Para Marilena Chauí (1978), se a principal característica do fazer científico é revelar as estruturas obscurecidas pelo discurso ideológico, pode-se dizer que estão justificados nossos esforços de pedir à psicanálise que nos revele o que há de misterioso na paixão de formar.

Kaës (1984) ressalta que as fantasias ligadas à formação não nos são acessíveis diretamente. Transparecem por meio de situações em que se mobilizam, nas elaborações que suscitam: jogos típicos (professor, aluno, classe, dinâmica de aula), os sonhos, as teorias sexuais infantis, as obras da imaginação, os mitos e as ideologias das quais a cena ou o tema concernente à formação do homem se encontra nas suas versões primitivas da fabricação e da criação.

# 3. Sobre a paixão de formar

> *Nem por um momento devem os senhores supor que o ponto de vista psicanalítico seja um sistema de ideias especulativo. Pelo contrário, é o resultado da experiência, sendo fundado sobre observações diretas e sobre conclusões inferidas destas observações. Após vinte e cinco anos de pesquisa, posso afiançar-lhes, sem parecer presunçoso, que nossas observações são fruto de um trabalho particularmente difícil, intenso e absorvente.*
>
> (S. Freud, "Conferências introdutórias sobre psicanálise")

O depoimento dos professores é um material instigante que possibilita inúmeras observações psicanalíticas, exigindo um trabalho intenso e absorvente, refletindo uma relação com a arte densa e profunda de ensinar. Assim como Freud, os depoimentos tratam das questões formativas a partir de muitos anos de experiência.

Utilizo-me de uma análise descritiva das entrevistas com os professores, buscando discernir, nas entrelinhas do discurso manifesto, o conteúdo latente, aquilo que não se pode identificar num primeiro momento. Procuro, assim, revelar o que é o professor apaixonado e como se dá a paixão de formar.

Reitero que, em função do contrato ético realizado no início das entrevistas, manterei em sigilo os dados biográficos da história pessoal dos professores.

Em função do vasto material coletado, selecionei alguns aspectos que auxiliam na compreensão da análise interpretativa da paixão de formar sob o ângulo psicanalítico. Os pontos que privilegiei por acreditar serem os mais relevantes são:

- a origem do desejo;
- o que é formar na fenomenologia da experiência individual;
- dificuldades, preocupações e interesses nos diferentes estilos de dar aula;
- as fontes de satisfação, as fantasias que se realizam.

O discurso dos professores é poético e, muitas vezes, escolhi falar por meio dele, pois talvez diga mais que qualquer explicação que eu pudesse expor. Assim, o leitor vai encontrar trechos grandes com uma certa poesia no texto que segue.

## *A origem do desejo*

> *Queria muito estudar, mas não podia porque nossa condição econômica não o permitia. Tentava ler ou prestar atenção na sala de aula, mas não entendia nada, porque a fome era grande. Não que eu fosse burro. Não era falta de interesse. Minha condição social não permitia que eu tivesse educação… À medida que comia melhor, começa-*

> *va a compreender melhor o que lia. Foi aí, precisamente, que comecei a estudar gramática, porque adorava os problemas da linguagem. Eu estudava filosofia da linguagem por conta própria, preparando-me, aos 18 ou 19 anos, para entender o estruturalismo e a linguagem. Comecei, então, a ensinar gramática portuguesa, com amor pela linguagem e pela filosofia e com a intuição de que deveria compreender as expectativas dos estudantes e fazê-los participar do diálogo. Em algum momento, entre os 15 e os 23 anos, descobri o ensino como minha paixão.*
>
> (P. Freire, "À sombra das mangueiras também se aprende")

Em toda escolha profissional há a marca das primeiras relações com os pais. Por identificação com eles ou por oposição a eles, de alguma forma, a história das relações mais primitivas marca a escolha profissional.

Nenhum dos professores entrevistados seguiu a carreira profissional dos pais e as profissões parentais não se relacionam diretamente com a atividade formativa. Mas, de alguma forma, há a marca inconsciente das identificações primárias que serão esclarecidas.

Todos os professores se mostraram bastante sensíveis e em contato com seu mundo interno. O fato de essas pessoas terem um certo contato com esse universo as coloca mais próximas de seus desejos inconscientes, permitindo que o aluno também acesse tais aspectos e a aula se torne apaixonante.

O relato de uma professora mostra que esta profissão era a única possível dentro do seu contexto familiar e da localização da sua cidade natal. Conta também que professores nos cursos ginasial e colegial interferiram na sua escolha profissional:

> P1 *[...] Os professores eram especialistas, por exemplo: nosso professor de Desenho era engenheiro civil e um excelente professor, nosso professor de Ciências era um advogado, mas um advogado com formação de cientista. Era um homem apaixonado por aquilo que fazia, todos eram apaixonados, eram profissionais que dedicavam uma parte do seu tempo à formação dos professores. Não eram didaticamente bons professores, se nós pensarmos em didática como hoje, uma proposta de trabalho. Eram especialistas, mas eram competentíssimos na sua especialidade.*

O desejo de ser independente, de buscar sua própria autonomia levou-a a realizar o concurso para professora primária, pois era o caminho mais rápido para alcançar este objetivo. Foi uma conquista "de uma batalha dura" contra os desejos dos pais e as próprias condições físicas e ambientais de trabalho.

> P1 *[...] Meu pai achou uma graça enorme nisso, porque não passava na cabeça dele que a filha fosse para outra cidade estudar. O filho mais velho, sim. Fui fazer o curso Normal [...] não tinha 18 anos completos quando fiz concurso para professora e comecei a trabalhar como substituta [...] O curso Normal era a única possibilidade na minha cidade natal [...] universidade, só na capital [...]*

Aqui, aparece a identificação com os aspectos do pai, aquele que sai de casa para trabalhar.

> P1 *[...] Então eu me inscrevi no concurso e meu pai soube através de um amigo que eu havia sido nomeada*

> *[...] Ele disse: "Minha filha, nomeada? Não, minha filha não entrou em concurso nenhum". Ele ficou furioso [...] não queria conversa [...] ele dizia: "Não vai, não vai, o que está pensando, que é dona do seu nariz? Não é, não senhora, vai ficar em casa" [...] Quando conversei com ele, ele me disse que eu o tinha desacatado, que eu sabia que ele não queria que a filha dele fosse trabalhar, que ele era capaz de me sustentar etc. [...] Eu disse que não se tratava disso, que eu fiz um curso e tenho alguma coisa para fazer na minha vida, eu não quero ficar em casa, eu quero trabalhar, eu quero uma chance [...]*

Outra professora afirma que as condições de vida a levaram para uma relação de "ação, para o fazer, mesmo antes de ter um diploma". Já atuava como professora e se envolvia com a arte de formar. O seu gosto pronunciado pelo teatro a fez atuar como professora. Ela afirma que o que a levou a atuar como professora foi seu desejo de fazer, de agir, pois é assim que entende a vida e o seu viver.

> P4 *[...] Eu sou uma pessoa de fazer, a minha relação com a vida é uma relação de fazer [...] Eu tive que me virar, eu tive que buscar o leite [...] Essa relação com a ação e a possibilidade de transformar isso [...]*

Também acha que suas realizações profissionais tiveram influência de duas professoras de sua infância. Uma delas colocou-a em contato com trabalhos realizados com crianças de orfanato e a outra em relação com a natureza. Atualmente essas identificações marcam sua atividade profissional e sua vida cotidiana.

> P4 *[...]Eu tive uma professora [...] superinteressante. Ela dava aula, mas ela não se contentava com as aulas [...] Ela me levou pela primeira vez na minha vida para ver crianças carentes [...] eu tenho a impressão de que foi um orfanato, aquilo foi muito forte para mim [...] eu vivi muito intensamente aquilo. Eu vi a vida fora da escola, eu vi que havia pessoas muito diferentes de mim [...] ela me pôs de frente com a realidade social, lembro-me que depois nós fizemos todo um movimento na escola para organizar brinquedos, coisas para aquela meninada... E o jeito dela era um jeito moderno, ela era moça [...] mais leve e de abertura [...] Tive uma outra professora interessantíssima, ela foi responsável pelo meu contato com a natureza. Hoje a natureza para mim é fundamental, eu sou um bicho ecológico, eu tenho uma relação com a natureza de solidariedade, de tristeza de ver tanta coisa ruim. Então, essa professora é assim, fantástica [...]*

Outro professor conta que sua escolha profissional foi se dando com seu crescimento e desenvolvimento. Por meio das atividades escolares foi descobrindo suas capacidades, suas qualidades e seus dons. Auxiliado por um casal de professores que muito admirava, foi desenvolvendo essas características. No momento de definir sua escolha profissional, menciona que houve um professor-amigo que lhe ajudou na escolha universitária. Estas contribuições e identificações se foram dando concomitantemente.

> P2 *[...] Eu ia fazer Direito e Diplomacia, aí teve um amigo meu que percebeu a enorme bobagem que isto representava e me indicou uma coisa, uma coisa que tinha a ver comigo, e tal [...]*

Esse professor explica a importância de dois mestres durante seu curso ginasial, exemplificando como se dá a transferência das primeiras identificações para a figura do professor como objeto idealizado.

> P2 *[...] Na infância, no primário, nada de importante; no ginásio, eu tive uma dupla de professores. Eram casados justamente, um era professor de Matemática e a outra, professora de Português. Eram grandes professores, poucos eu vi iguais a eles. Ele era extremamente brilhante, ele tornou-se para mim um modelo, eu queria ser aquilo. É, explicar claramente, prender a atenção das pessoas, contar histórias e ao mesmo tempo levar aquilo à demonstração de teoremas. Essas coisas que ele fazia [...] aquilo me impressionava. Embora ele tivesse um estilo enfático que eu não conseguiria nunca, ele ficou para mim como uma referência muito forte, com a possibilidade que ele tem de convencer e cativar pela palavra, e tal. E a mulher dele teve uma cultura muito grande, porque ela lia Fernando Pessoa, Guimarães Rosa, Drummond e tudo o mais. Então ela me passou esse universo que eu não tinha em casa.*

A necessidade de obter recursos econômicos levou-o a dar aulas logo no início do curso universitário. Esta experiência foi marcante e prazerosa, mobilizando-o para seguir a carreira acadêmica.

> P2 *[...] Eu comecei a dar aulas num cursinho [...] a minha primeira aula foi ótima, era domínio total desde o primeiro momento, não tive problema nenhum [...] Eu cheguei e expus aquilo maravilhosamente e as pessoas ficaram encantadas [...] era tudo certo [...] e eu*

> *senti que ali eu me estabeleceria. Não sabia o efeito da segunda aula [...] no dia seguinte, isso é que é terrível. Aprendi que a segunda aula é mais difícil [...] O problema é manter, levar aquilo para algum lugar, criar efeito, interessar as pessoas por um mundo de possibilidades.*

Outro professor teve uma marca emocional diante da sua história de vida, com sofrimentos e perdas nas relações familiares. Essas experiências emocionais mobilizaram-no para a busca intelectual, a leitura era a forma de encontrar explicações e prazer com a vida. Conta que desde menino percorria obcecadamente as bibliotecas, procurando romances sérios, novelas, gibis de terror, que eram histórias que tinham o teor do conto maravilhoso, do suspense, do mistério, do sobrenatural.

> P3 *[...] Tudo apareceu na minha vida com 13, 14, 15, 16 anos de idade, um conjunto de pessoas que me marcaram, numa sequência que é obviamente deliberada: Freud, Bob Dylan, Dostoievski [...] A avó de um primo tinha uma coleção de livros imensa, era sócia do Clube do Livro. Ela recebia um livro por semana, livros de altíssimo nível. Desde que eu descobri aquela biblioteca, eu vivia obcecado. Eu lia coisas que não eram comuns para pessoas da minha idade [...] Minha família tinha forte resistência a isto e eu tinha que ler escondido [...]*

Essa curiosidade infantil investigativa que se dava às escondidas de seus familiares marcou sua escolha profissional. Dentre as várias possibilidades que o interessavam, procurou uma carreira em que tivesse contato direto com a investigação científica, que atingisse o maior campo dentro do que desejava.

> P3 *[...] dos interesses que eu tive, a educação foi o mais lógico, o mais imediato. Queria uma carreira em que tivesse contato direto com a investigação científica. Fui constrangido a eliminar possibilidades e me conformar com uma escolha. Escolhi aquela que me dava maiores possibilidades [...]*

Outro professor relata que, desde menino, tinha uma grande curiosidade pela filosofia; na adolescência, preocupava-se com questões metafísicas.

> P5 *[...] desde os meus 13, 14 anos, vivia preocupado, conversando com gente mais velha sobre questões metafísicas: amor, morte, religião, se Deus existia, se existia disco voador. Vivia lendo Nietzsche, Schopenhauer, Kafka etc., eram questões que me angustiavam desde muito cedo [...]*

Quando teve a primeira experiência de falar em público dando aula, sentiu muito prazer. Essa experiência e a identificação com dois outros professores mobilizaram-no para seguir a carreira acadêmica. Esse professor aponta para seu sofrimento e angústia na época de fazer sua escolha profissional e que a questão da formação é, também, resultante desses aspectos emocionais.

> P5 *[...] Foi numa reunião de Associação de Pais e Mestres, durante o colegial, que dei minha primeira aula [...] tinha 16 anos [...] O que mais me marcou foi o prazer de estar falando [...] Eu nunca tive um guru, o mais próximo foi um professor de História. Era um cara de esquerda, eu também era de esquerda. Ele ganhou o movimento estudantil e estudava Marx. Era*

> *um bom homem, muito inteligente e eu gostava muito dele, conversava sobre problemas com minha namorada [...] Outro foi um "letrista", filósofo, escritor e compositor [...] Eram professores de que me tornei amigo imediatamente [...] Pensava em fazer Engenharia, depois Medicina, depois Sociologia, Direito [...] Meus pais não "torravam o saco", eu achava isso ótimo, quer dizer, parecia, na verdade, que eles não tinham muita ideia de que eu estava maluco. Nessa época, estava muito perturbado, angustiado como um adolescente [...] Aí voltei para a universidade, fiz mestrado, [...] doutorado [...]*

Todos os professores ressaltam nos seus relatos a influência da militância política e de grupos religiosos ligados a movimentos populares, decorrentes das marcas do Estado Novo de Getúlio Vargas, que culminou numa ditadura, e do golpe de Estado de 1964, sendo que este último deflagrou uma série de movimentos estudantis de luta pela redemocratização por todo o país. Nesse sentido, os professores entrevistados refletem sobre sua participação política, de maneira crítica e sobre o próprio desenvolvimento político-cultural ligado às questões da realidade brasileira. Por meio dessas participações adquiriram uma outra visão de Brasil, de mundo, e criaram uma capacidade de refletir e de criticar a realidade. Além disso, esses movimentos tiveram um forte impacto sobre a desinibição, a capacidade de liderança, de exposição e comunicação em público desses professores.

> P5 *[...] eu também era de esquerda, participei do movimento estudantil [...]*

> P2 *[...] Em suma, ali estava na iminência de pessoas irem para a guerrilha, entrecortado de passeatas e grandes discussões sobre arte, política, Tropicália [...] Eu tinha uma vontade de participar daquilo, eu tinha uma curiosidade e uma perplexidade quanto a como é que eu me situava no aspecto ideológico [...] era curioso, uma espécie de laboratório da esquerda, de todas as refrações das esquerdas [...] eu participava do diretório do Centro Acadêmico [...] eu tenho uma foto com várias pessoas que depois foram exiladas e eu me lembro de uma amiga que me abraçou e disse: "Piano numa mão e uma metralhadora na outra, a câmara na mão e uma metralhadora na outra..."*

> P4 *[...] Da minha militância política me ficou sempre uma imensa vontade de fazer um trabalho com a população brasileira... eu participava do movimento de diretrizes de base da educação nacional, faz tempo já [...]*

Quando os professores descrevem as pessoas que os marcaram como professores apaixonados, utilizam adjetivos superlativos, evidenciando a transferência de aspectos idealizados ou do *ideal de ego*.

Alguns professores expõem que contaram com o apoio, estímulo e compreensão de seus pais; outros tiveram que construir seus caminhos profissionais como um desafio a si próprios e a seus pais. Ressalto esses aspectos, pois acredito que irão interferir nas características do movimento psíquico do professor apaixonado e na forma como se vai dar sua relação com a paixão de formar.

## Primeira aula

Destaco a primeira experiência de aula relatada pelos professores, pois acredito que é este o primeiro momento consciente de encontro do professor com a paixão de formar.

Freud (*apud* Millot, 1987) escreve que é a partir do jogo das transformações da libido objetal e da libido narcísica que a criança assimila os traços das pessoas que a rodeiam e que torna suas as exigências dessas pessoas. No decorrer do período de latência, são os professores e geralmente as pessoas que têm a tarefa de educar que tomarão para a criança o lugar dos pais, do pai em particular, e que herdarão os sentimentos que a criança dirigia a este último na ocasião da resolução edípica. Os educadores investidos da relação afetiva primitivamente dirigida ao pai se beneficiarão da influência que este último exercia sobre a criança e poderão desse modo contribuir para a formação do *ego* desta criança.

É na adolescência que este processo se atualiza. Há um deslocamento do *ideal do ego* do adolescente, que agora se identifica com o professor e encontra realização para esta libido numa primeira experiência de dar aula. Se for possível obter identificações não distorcidas e integrar fantasia e realidade — o confronto do *ego* com o mundo exterior, do conhecido com o desconhecido etc. —, esta primeira experiência pode se tornar marcante pela percepção do reconhecimento do outro e pelo significado de reparação interna.

Narram os professores que esta experiência ocorreu durante a adolescência, que é o momento em que todo indivíduo reatualiza vivências e identificações infantis e busca reparar as primeiras figuras de identificação. Na busca da reparação dos objetos internos, há um reencontro e uma reatualização de situações edípicas.

Todos tiveram a primeira experiência de dar aula entre os 13 e 17 anos e a descrevem como um momento de glória, sucesso, realização, que deu certo. Essas expressões vêm carregadas de sentimentos, de tensão diante do desconhecido, da primeira vez.

> P1 *[...] A imagem que eu tenho de mim, daquele tempo, é que eu era uma menina assustada, metida a professora, que pensava que sabia as coisas, que podia despertar as pessoas para sair daquele marasmo [...].*

> P2 *[...] A minha primeira aula foi ótima, era domínio total desde o primeiro momento [...] eu cheguei e expus maravilhosamente [...] e eu senti que ali eu me estabeleceria [...].*

> P3 *[...] Eu comecei a dar aulas antes de entrar na faculdade [...] com 16 anos [...] aulas de inglês [...] No primeiro ou segundo ano da faculdade dei minha primeira aula num curso de Madureza [...] É natural, como iniciante, estava mais preocupado com a matéria do que com os alunos, em pouco tempo percebi que o fundamental era o contrário: saber quem são as pessoas que estão lá [...] expor de tal maneira que eles comecem a puxar pelo assunto... Depois, eu entrava sem saber o que ia falar, sem me preocupar [...]*

A situação da primeira aula parece ser vivida como um fenômeno transicional por estes professores, como um momento de ilusão semelhante ao que descreve Winnicott (1975):

> *Os objetos transicionais e os fenômenos transicionais pertencem ao domínio da ilusão que está na base do início da experiência. Esse primeiro estádio do*

> *desenvolvimento torna-se possível pela capacidade especial, por parte da mãe, de efetuar adaptações às necessidades de seu bebê, permitindo-lhe assim a ilusão de que aquilo que ele cria existe realmente. [...] Essa área de experiência, incontestada quanto a pertencer à realidade interna ou externa (compartilhada), constitui a parte maior da experiência do bebê e, através da vida, é conservada na experimentação intensa que diz respeito às artes, à religião, ao viver imaginativo e ao trabalho científico criador. [...] Pode-se, dessa forma, afirmar a existência de um valor positivo da ilusão. [...] O objeto transicional de um bebê normalmente se torna gradativamente descatexizado, especialmente na medida em que se desenvolvem os interesses culturais. (pp. 406-407)*

Nos relatos dos professores, a primeira experiência de dar aula aparece cheia de ilusão. É como se reencontrassem, no contato com os alunos, o olhar confiante da mãe e se formasse o campo de ilusão para, a partir daí, crescerem os interesses intelectuais que surgem na paixão de formar.

> P4 *[...] Eu tinha muita tensão, muita tensão, uma vontade intensa de fazer melhor [...] vontade de desempenhar [...] Isso antes, chegando lá, eu olhava para a cara das pessoas que gostavam de mim, a gente estabelecia uma relação [...] quando eu via, a coisa acontecia sem eu ter controle [...] Eu, às vezes, encontrava-me em situações [...] que eu também procuro, eu adoro um desafio [...] mas era só chegar, no que chego, pronto [...] o que me ajudou muito foram os desafios que eu enfrentei [...]*

P5 *[...] Eu tinha 16 anos [...] foi a primeira vez que eu subi no palco com algum sucesso [...] o que mais me marcou foi o prazer de estar falando, pensando e me articulando [...] o prazer de falar [...] as pessoas morriam de rir das coisas que eu dizia [...] Foi bom descobrir que eu tenho um estilo meio humorado, enfim, descobri-me [...]*

## O que é formar na fenomenologia da experiência individual

> *Opinião de pesquisa: os professores são como petróleo, faltam dramaticamente [...]*
>
> *Testemunhos diversos, mas que no fundo têm o mesmo significado, dizem que ensinar saiu comicamente de moda nestes últimos anos. Continuava-se a dizer que era uma das mais belas profissões do mundo. Concordava-se com Jacques Lesourne, economista e futurólogo — os futurólogos nem sempre se enganam! — que nenhuma outra profissão tem consequências tão importantes sobre o futuro da sociedade. Mas deixava-se a outros a esmagadora honra de educar as futuras gerações.*
>
> (G. Petitjean, "Quem instruirá nossas crianças?")

Há professores que estão dispostos a manter a honra de educar as futuras gerações. Todos os professores entrevistados se colocaram como um mediador, facilitador ou catalisador no processo de formar. Ao perguntar-lhes sobre o que era formar, nenhum professor deu relevância ao aspecto do conteúdo a ser transmitido, mas, ao contrário, à relação que se estabelece no processo de formação.

Com formas diferentes de linguagem, mas com o mesmo significado, todos afirmam que formar é levar o aluno a achar seu próprio caminho, a transformar-se, a evoluir, a refletir, a mover-se, a relacionar-se. Neste processo, colocam-se como alguém também se formando, se movimentando, se transformando, evoluindo, relacionando-se com trocas enriquecedoras e significativas. Toda referência feita pelos professores ao movimento, à troca, à transformação, é relacionada a um processo que se dá internamente, isto é, para dentro e não para fora, tanto por parte do aluno como do professor. É sempre descrito num sentido construtivo, do desejo "de deixar o mundo melhor". Mas é bom lembrar que o desejo de construir contém o desejo de destruir. Quando os desejos destrutivos estão presentes, embora bem contidos, só aí, então, a criação, a paixão de formar pode emergir. Isso justifica a tentativa de interpretação psicanalítica, procurando uma relação desta paixão com um movimento psíquico interno, e não uma relação com a técnica, didática ou tema estudado, utilizados em sala de aula.

> P4 *[...] a aprendizagem se cria junto, porque eu tenho um conteúdo, todos têm conteúdo. O que vai acontecer, ninguém sabe. O que vai acontecer vai depender das questões das pessoas, do que eu entender dessas questões, da maneira de encaminhar, da relação das pessoas com essa maneira, daquilo que elas sentem como movimento espontâneo, daquilo que eu senti espontaneamente. Então, é a própria aprendizagem nascendo, criando-se, e aí a gente se apropria dela, porque ela é nossa, nós vivemos da aprendizagem [...]uma metodologia de ação que eu reinvento a cada instante com as pessoas. [...] Para mim formar, ensinar, tem muito a ver com viver, respirar, ser, ser mais, ser mais eu amanhã. [...] O grosso, o fundamental é a relação [...]*

> *relacionamento professor-aluno, com suas vicissitudes e dificuldades [...] porque para mim isto que é viver educação, os conteúdos vocês podem ir atrás, buscar nas bibliotecas e escrever, eu quero que a gente consiga viver uma relação de professor e aluno, porque é disso que nós estamo-nos alimentando [...] de lutar pelo que vocês querem fazer, transformar o professor e vice-versa, é disso que vão alimentar-se onde estiverem.*

A disponibilidade para o inesperado, para que o desconhecido tenha lugar na situação de aula, implica uma capacidade do professor em manejar as diferenças, as divergências presentes em todas as relações humanas.

> P4 *[...] Formar para mim é, basicamente, conseguir uma qualidade de relação em que tudo pode acontecer [...] trazer coisas para você e te dar, e você trazer coisas para mim e me dar, ainda que isso me surpreenda [...] é preciso que eu respeite profundamente a sua vida, a pessoa que você é, o ser presentificado que você é e com as coisas que você tem e vice-versa; então, quando se estabelece uma relação como essa, aí a gente troca, e dessa troca as duas pessoas saem enriquecidas, mesmo, porque são trocas significativas.*

> P1 *[...] é fazer a pessoa achar um caminho, descobrir seu próprio caminho [...] eu acho que a surpresa da gente é que as pessoas seguem caminhos diferentes, então, nem sempre os pontos de chegada são comuns, mas eu acho que isso faz parte da riqueza da vida.*

Parece que, ao lado do prazer, o processo de formação é descrito como uma passagem sofrida, dolorosa, que envolve ultrapassar umbrais. Aqui, fica evidente a angústia da formação, vivida por ambas as partes, professor-aluno, mas é trazida por P2 como uma tarefa que cabe ao professor, aquela de criar um movimento.

> P2 *[...] No fundo, tem uma forma leiga da ideia da iniciação, quer dizer, tem muitos umbrais a serem ultrapassados, e essas passagens se fazem através de um movimento, e quando eu estou mostrando alguma coisa aos alunos, eu quero que eles se movimentem, que eles experimentem a passagem, então eu acho que isso tem a ver com uma paixão do educar. Agora, ao mesmo tempo, esse movimento passa pela sedução, no sentido de que são dois movimentos, quer dizer, existe uma mesma raiz desse movimento, seduzir é também mover, mas não mover para fora num movimento de exteriorização, que venha a ser outra coisa, mas se mover para si, chamar para si, conduzir para si... o trabalho do professor é muito delicado, sutil, muitas vezes, se embaralha tanto para o professor quanto para o aluno, ou, às vezes, mais para um que para outro [...] A educação, nesse sentido, ressoa na sedução, porque existe uma coisa mimética, existe uma imantação, aquilo que só tem eficácia de caráter convincente naquilo que está de certo modo representado na figura do próprio professor, em que se movimenta através do pensamento, do conhecimento que experimenta com o mundo, essa coisa assim [...]*

Aqui, P3 aponta para um processo de formação que não envolve a noção de criar discípulos à sua imagem e semelhança, mas indivíduos que pensem e possam trocar na relação professor-aluno. Assim, fica claro que o professor tem a função de mediador no desenvolvimento do pensamento.

> P3 *[...] Formar para mim é um indivíduo que se forma, não pretendo formar o sujeito. Eu pretendo que cada um construa seu próprio processo e que eu possa ser uma enzima nessa construção pessoal de cada um, que catalisa e sai do caminho depois. Então formar não é responsabilidade minha. Formar é responsabilidade de cada um, do sujeito. Como eu disse, o aluno tem paixão ou não tem, não sou eu que causo, ele que tem. Se ele tem, ele tem disposição, a disponibilidade de deixar que ela cresça e que cresça esse momento pela autonomia da pessoa. Se ele tem, eu pretendo que ele cresça. Eu sou um instrumento muito propício, um catalisador.*

P3 descreve os aspectos destrutivos e as limitações que contêm as relações humanas e, por consequência, a relação professor-aluno. Procura fugir de uma relação do tipo paternalista.

> P3 *[...] A coisa é que você quer construir um mundo melhor, você quer imprimir força, quer ter uma ação significativa, mas, ao mesmo tempo, se for perceptível [...] vai sacar como essa sua ação é uma das partes do mal do mundo, do mal-estar do mundo. A sua vontade é uma das razões pelas quais as coisas estão mal. Se você tivesse um pouco mais de autocompreensão, um pouco mais de sobriedade de espírito, se as demais pessoas tivessem capacidade de perceber, talvez, todos estariam mais perto de se entenderem e perceberem que são capazes de realizar menos, mas de serem mais*

> *sensíveis uns com os outros. De fato, eu quero o melhor [...] que signifique um freio, um recuo muito mais que uma aceleração [...]*

A noção de transferência, viva em todas as relações, está presente no relato de P5, a seguir. P5 especifica que, na formação, estão presentes desejos de mudança, de desenvolvimento, de sair de um lugar para outro, de transformar-se.

> P5 *[...] Eu não vejo e não sinto a questão do ensinar como um caso tão diferente de outras modalidades de relação. Isto quer dizer que eu vejo o ensinar como um caso, talvez mais claro, de uma modalidade de relação ou de comunicação que é muito mais comum e mais presente. E que talvez o formar ou o ensinar estejam presentes em todas as relações humanas, só que a pedagogia, a escola e a universidade institucionalizam esse tipo de relação e dão uma forma burocrática a ela, mas que isto, na verdade, é uma função de várias comunicações humanas [...] Eu entendo o ensinar como um capítulo ou uma parte da atividade de transformar [...], para mim, a coisa está colocada muito claramente assim: a gente está falando o tempo todo do crescimento, transformação e evolução, sendo que o ensinar coloca isso na área específica do saber puro, na área específica da formulação mais coerente. Mas essa formulação mais coerentemente chamada, ela é mais viva, ela é mais interessante, ela é mais inteligente quanto mais estiver em contato com outras regiões do ser. Do ser da pessoa no mundo, do ser dela com ela própria e do ser das pessoas que estão ouvindo. Então é, em suma, eu vejo muito o meu ensinar como parte disso tudo, como*

> *parte desse processo muito mais amplo que é de transformar e refletir sobre si mesmo e sobre as pessoas*

Claramente, o processo de formação para esses professores acontece sem passar por uma ordem consciente, predeterminada por um processo lógico ou intelectualizado. Parece que há algo de misterioso, de forças miméticas, de energias químicas.

Penso que são aspectos não tão conscientes para os professores que vão caracterizando as forças da paixão de formar ou a chama interna do professor que não o domina e que não se apaga.

> P2 *[...] É como na canção [...] o ouvinte precisa convencer-se, deixar-se levar por aquela passionalidade, ou por aquela coloquialidade, ou por aquela força que ela está portando, tem uma energia nela que só vai vigorar se o ouvinte se deixar levar por aquilo. Então, ela precisa marcar, quer dizer, há uns sinais. Ela se constrói para que o ouvinte se deixe levar pela energia da qual ela é portadora, na forma do modo como ela está construída [...] a eficácia da canção se dá na medida em que ela vence essa resistência do ouvinte, então ele se torna convencido de que aquela fala cantada tem um peso, assim, de bastante veracidade, de realidade [...]*

Quando P2 se refere ao seu estilo de dar aula, fala de vários recursos que utiliza, criando movimentos, e o mesmo aparece na fala de P3:

> P2 *[...] o movimento é o movimento através da floresta dos símbolos, quer dizer, tem muitos lugares, muitas veredas e travessias, e, também, eu acho que tem uma*

*coisa de que, como eu sou de uma geração que passou pela história das utopias culturais [...] tem uma coisa de juntar o acadêmico com um certo mito, mesmo, da espontaneidade e do valor da expressão da pessoalidade. Então, às vezes, eu acho que tem registros confessionais nas minhas aulas. Eu deixo passar coisas que são paixões minhas que aparecem, que eu declaro. Essa declaração eu confidencio; confidências, porque minhas paixões aparecem, quer dizer, declaram-se, elas têm um lugar para elas se declararem como paixão. [...] o movimento de levar, levar, quer dizer, existe uma energia nisso, tem pulsão, tem uma coisa que você está disposto a se movimentar [...]*

P3 *[...] eu vivo um ritmo muito frenético, muito louco, muito obcecado. Essas coisas são simplesmente uma coisa que eu gosto. Uma coisa que eu curiosamente adoro. Então, se alguém tem um pouco disso e entrar em contato comigo como os vasos comunicantes: porque eu tenho, eu passo para ele, mas ele tem que ter um canal de contato comigo, senão a energia não passa. Ou ele tem e aí a gente entra em fase e se a gente entra em fase, enfim, eu o puxo até onde eu conseguir puxar, mas se ele ficar ao meu lado sem qualquer comunicação não vai fazer qualquer diferença para mim [...] Ele também vai descarregar, ele também me vai energizar. Se ele se tornar entusiasmado, o entusiasmo dele passa para mim, reforça-se mutuamente, ganhamos os dois.*

Um estudo realizado para identificar os problemas da crise dos liceus na França concluiu que se trata de uma crise das relações. Penso que nosso país, como citei na Introdução, também vive uma crise educacional. Mas posso verificar que no relato desses professores isso não aparece. Parece que estes professores não vivem no seu dia a dia a crise da instituição educacional, talvez porque vivam em constante relação com seus alunos e sua paixão de formar. Formar é, para eles, relacionar-se. Ao mesmo tempo trabalham à margem da instituição, não se submetendo à burocracia institucional.

## *Dificuldades, preocupações e interesses: estilos de dar aula*

> *— Oh! Capitão, meu capitão! Walt Whitman escreveu em homenagem a Abraham Lincoln. É assim que eu quero que vocês me chamem.*
>
> *— Carpe diem. Gozem o seu dia, juntem os botões de rosa enquanto estão vivos, um dia todos morreremos. Aproveitem a vida, tornem-na extraordinária!!!*
>
> *— Isto é uma barricada, uma guerra. Exponham seu coração! A guerra é um ato acadêmico, medindo a poesia, nada de métodos.*
>
> *— Na minha aula vocês vão aprender a pensar por vocês, não importa o que as pessoas digam, palavras e ideias não mudam o mundo!*
>
> *— Tenho um segredo para contar a vocês! Aproximem-se: não escrevemos poesias porque é bonitinho; lemos e escrevemos poesias porque somos parte da raça humana e a raça humana é repleta de paixão. E Medicina, Direito, Engenharia e Administração têm outro objetivo: o de sustentar a vida. Mas a poesia, a beleza, o romance, o amor é para o que vivemos, para entender Whitman ou a mim. A vida pergunta como acontecem cargas de fracas-*

> *sos, cidades cheias de bobos. A resposta é que vocês estão aqui. Que a vida e vocês existem. Que o poder do jogo continua e vocês estão nele. Que o poder continua e vocês podem contribuir com um verso. Qual seria o seu verso?*
>
> (P. Weir, *Sociedade dos poetas mortos*, tradução nossa)

Peter Weir torna viva a paixão de formar na tela do cinema. Não só em *Sociedade dos poetas mortos*, mas na sociedade dos poetas vivos, dos professores apaixonados; o segredo, a paixão, o *carpe diem* e o poder do jogo tomam substância quando a vida faz sentido e cada um pode criar o seu verso, sustentando a vida, dando alicerce à alma.

Os versos que os professores apaixonados criaram podem ser identificados nos estilos próprios de dar aula.

## Estilos de dar aula

O caráter de constante transformação e o componente de criatividade fazem parte dos recursos de que os professores se utilizam a cada aula. Cada professor relata um estilo próprio de dar aula, caracterizando um campo metamórfico.

Metamórfico é um adjetivo derivado do substantivo metamorfose, que significa modificação, transformação, mutação (Ferreira, 1986; Aulete, 1958).

O campo metamórfico é caracterizado a partir da própria definição de formar, dada pelos professores, que também inclui os diversos estilos de dar aula. No caso dos professores apaixonados, esse estilo tem um movimento de constante mudança do e no vínculo professor-aluno.

O campo metamórfico tem a propriedade de delimitar a atividade daquele professor que privilegia a relação com os alunos no sentido de transformar-se e transformá-los criativamente. Dar aula não é vivido como um processo estático, é caracterizado como um movimento que dá passagem, que abre caminho.

Nesse sentido, Kaës (1984) também descreve tal propriedade chamando-a de "efeito Pigmaleão":

> *Tornar apto a um conhecimento sobre o desejo e o mundo é para o professor possibilitar uma transformação, através do trabalho, da busca de uma forma, onde formar é organizar, estruturar, configurar, tornar possível uma escolha e uma diferenciação. O desejo do professor é o motor do trabalho, e o prazer é sentido dentro do trabalho: desejo que o outro desenvolva suas capacidades de vida otimistas. Este é o sentido do efeito Pigmaleão. A riqueza das experiências pré-genitais do professor asseguram sua capacidade empática, sua atitude a regressar, sua permeabilidade à vida fantasmática, pedestal da sua "paixão de formar". Mas não é o professor que é capaz de fornecer e de assumir as garantias simbólicas da relação pedagógica. Não se trata de ser o pai, nem a mãe, nem de ser pai e mãe, na mesma hora, sem fracasso: trata-se de não conhecer a necessidade destas duas dimensões e de sua ligação com a formação do ser humano. (p. 44)*

Esse *efeito Pigmaleão* dá o caráter de constante mudança do professor, tanto intrapsíquica quanto no estilo de dar aula. Embora Kaës não tenha se referido especificamente ao estilo de dar aula, penso que sua contribuição é útil para expressar a dinâmica emocional que compõe o campo metamórfico.

A ruptura deste campo ocorre quando não há mais mudança e o professor se repete, perdendo a criatividade, tornando o vínculo professor-aluno empobrecido e desvitalizado.

> P2 *[...] Participação [...] envolve uma outra coisa que não é a sedução, é uma provocação, [...] como fazer seduzir, esse movimento de levar o aluno a sair do lugar onde ele está, tem um aspecto de sedução, tem outro de provocação, quer dizer, desafiar as pessoas, em suma, fazer os conflitos ali latentes aparecerem [...] fazer com que insatisfações que estão ali, meio difusas, ganhem voz [...]*

> P2 *[...] Com vinte anos de aula isso já variou muito e varia, também, porque eu experimento fórmulas diferentes [...] aí tem toda uma problemática... sobre as relações. A aula por excelência é expositiva [...] a aula parte disso e chega a isso, sempre tem a polarização que o professor expõe, ao mesmo tempo todo mundo sabe que esta relação precisa ser descentralizada, que a participação dos alunos, as mudanças das relações da classe [...] é importante para que as coisas sejam trocadas [...]*

> P5 *[...] Quando dou aula [...], no meu ponto de vista, o que seria interessante é tentar apontar e tocar a questão das lógicas de pensamentos. Porque isso sim é que é uma coisa mais individual, e isso não está no autor, isto está na cabeça da gente [...] Uso metáforas incríveis [...] Toda metáfora que eu utilizar em geral é mais rápida, mais cortante, e ela está ligada ao que eu quero*

*passar, eu não perco muito tempo neste sentido. Todo o meu estilo é um pouco autoenvolvido [...]*

P3 *[...] pensar com a própria cabeça, esse é o segredo. Não tenho nenhuma convicção didática ou pedagógica; eu acredito nesta espécie de vocação, nessa inquietude pessoal e com ela que eu conto [...] Uma aula para mim, antes de tudo, é um pretexto, um tema; um tema que faz parte de um determinado* curriculum, *que está desdobrado num certo programa [...] Para mim, é absolutamente irrelevante qualquer um daqueles itens do programa, é um tema que obviamente me causa inúmeras inquietações, inúmeras perplexidades. O meu modo de preparar aula é simplesmente pensar onde é que está a minha fronteira de noções a respeito disso e onde é que estão as dimensões mais obscuras, menos compreensíveis. Onde é que estão as instabilidades, onde é que estão as certezas feitas, onde é que estão os clichês desse assunto, é meio o que organiza um pouco esses repertórios na minha cabeça e quando vou à sala de aula, o processo é um pouco assim. [...] O mais comum é usar um texto como um deflagrador de um debate. Se dou um texto para os alunos, depois peço a alguns alunos que reformulem, ponham os pontos de vista do autor, chequem com os próprios pontos de vista, e fico meio na expectativa de que aquilo por si só acarrete um debate, na medida em que é pouco comum hoje em dia [...] Há aulas em que falo menos do que a classe toda, outras em que falo mais, não há nenhuma necessidade que eu domine. Me aborrece muito quando eu falo demais. Gosto mais de ouvir do que de falar [...] Interessa-me absolutamente o outro [...]*

Os professores relatam que mesclam aulas expositivas com filmes, músicas, jogos dramáticos, poesia, textos, discussões, teatro. Afirmam que a cada aula há sempre um momento de participação do aluno e um momento de participação do professor, ora para expor, ora para concluir, ora para organizar o tema trabalhado.

A ação tem um lugar importante na aula: ou a ação corporal como o jogo ou o teatro, ou a ação do movimento de pensar, de refletir, de questionar.

A aula em si tem um significado importante para os professores: é onde se sentem vivos, se reenergizam, atualizam seu pensamento e reciclam suas ideias. É descrita, muitas vezes, como uma situação de desafio, como um jogo ou como um teatro. A aula não deixa de ter um lugar lúdico na vida desses professores.

Como diz Winnicott (1975):

> *É no brincar, e somente no brincar, que o indivíduo, criança ou adulto, pode ser criativo e usar sua personalidade integral: e é somente sendo criativo que o indivíduo descobre o eu (*self*). Ligado a isso, temos o fato de que somente no brincar é possível a comunicação, exceto a comunicação direta, que pertence à psicopatologia ou a um extremo de imaturidade. (pp. 79-80)*

> P5 *[...] O raciocínio é como se fosse um corpo, e, se você treiná-lo, ele pode fazer milhões de coisas: ele pode dançar, patinar, esquiar, lutar, correr, resistir, ser elástico. O raciocínio tem estas propriedades como se a gente pudesse imaginar ginástica para o raciocínio. Então, de certa maneira, todo o meu modo de falar tem, no fundo, uma ligação com a questão do raciocínio e não com a questão da teoria.*

> P4 *[...] sou uma pessoa de fazer, isso me apaixona, estar mexendo, dramatizando, ensinando, com a coisa que é a própria ação [...] Eu acho que um professor, um educador, precisa estar atualizando-se no nível de sua própria energia, quer dizer, desbloqueando-se, é uma tarefa árdua [...] tem que ter uma relação orgástica com aquilo que se está ensinando, tem que gostar [...]*

> P2 *[...] na minha experiência com aula, já passei por todos os tipos de relação com a classe, quer dizer, eu mexo com a coisa, com a relação, eu estou sempre problematizando a relação expositiva, propondo outras situações [...] um estilo de aula que eu acabei desenvolvendo [...] eu acho que tem o estilo dissertativo, expositivo, acadêmico que eu sei fazer ao mesmo tempo. Por exemplo: eu gosto de cantar, quer dizer, eu lido com exemplos que, às vezes, envolvem a poesia, a música, que envolvem canto. Então, você está dando aula e canta ao mesmo tempo, isso faz dar uma espécie de efeito de registro, mudança de registro, que cria uma coisa de que aquela dissertação tem outros movimentos [...]*

Essa certa mobilidade, jogo de cintura, parece ser uma qualidade interna do professor na eficácia da transmissão do conhecimento, que surge dando um tom e um colorido diferente a cada aula.

Outro aspecto descrito pelos professores entrevistados é que, dentro de um tema a ser trabalhado, eles sempre mesclam suas aulas com conteúdos da atualidade e do cotidiano. Falam de um passado, de uma teoria ou fato acontecido e, de certa forma, buscam reatualizar esse tema, trazendo uma vivência mais próxima do aluno (contudo, é bom lembrar que, quando definem o que é formar para eles, dão maior importância ao relacionamento com os alunos do que ao conteúdo. Embora, em momento algum, o conteúdo deixe de ser dado de forma eficaz).

> P2 *[...] eu acho que isso é uma aula que está escrita depois de um esforço, mas que busca o movimento dessa aula, por exemplo: na construção do texto que vai do século XII e se permeia com coisas do século XX, isto encanta a plateia [...] repercute na plateia sob a forma de adesões apaixonadas, ou suspeitas, ou recusas, ou desconfortos [...] de certa forma provoca a plateia [...] mas, ao mesmo tempo, pode provocar um encantamento, que se faça um percurso que tenha essa amplitude, onde o texto do século XII pode ser lido numa qualidade que depois vai ressoar.*

> P3 *[...] Por mais que o assunto seja remoto e abstrato, por exemplo: barroco do século XVII na Alemanha. Obviamente, o tipo de crise psicológica que o barroco procurava enfrentar não é muito diferente do tipo de crise psicológica que a gente vive hoje. Logo, em vez de usar exemplos de lá, a gente usa um de lá, rebate com um daqui, depois puxa uma situação daqui, rebate com a de lá e tenta fazer as pessoas entrarem em ciclo com esta questão fundamental que transcende a especificidade do tema e que passa por dentro da vida delas. É o modo pelo qual você pode dar às pessoas a possibilidade de fazer um engate emocional com a questão. É importante para mim, não só porque ele traz um envolvimento energético maior, mas particularmente porque, ao tocar nas histórias de vida de cada um, e como as histórias de vida de cada um são diferentes,*

> *elas conseguem por esse modo construir respostas diferentes, de cada um.*

> P4 *[...] trabalho com tudo que cai nas minhas mãos: Silvio Santos, Freud, Heidegger, Joãosinho Trinta, escola de samba, então peço mesmo para os alunos tudo o que forem vendo na realidade, o que tenha a ver com nosso momento ou o que tenha a ver com nossa relação, daí a gente trabalha a várias mãos [...]*

Essa busca de relacionar o passado com o presente, envolvendo o educando nesta viagem pelo tempo, demonstra uma preocupação com seu interlocutor, o aluno, no sentido de se aproximar e possibilitar maior empatia com este e com o tema da aula.

Verifico que o estilo de cada professor aparece mesclado com algum componente singular e próprio, surgindo espontaneamente e de forma autêntica durante a aula, como em declarações e confidências pessoais. Isto de certa forma também dá um caráter de proximidade e de mistério à relação professor-aluno.

> P3 *[...] Em termos de aula, não tenho nenhuma convicção didática ou pedagógica, eu acredito nessa espécie de vocação, nessa inquietude pessoal e é com ela que eu conto [...]*

> P2 *[...] confidencio [...] minhas paixões aparecem, declaram-se, elas têm um lugar para que se declarem como paixão [...]*

> P4 *[...] adoro, então eu declaro [...] procuro estar muito atenta em devolver às pessoas aquilo que elas*

> *produziram [...] e não perder o máximo de possibilidades de dizer para o outro: "você é capaz, porque eu acredito que é, ou eu vejo que é" [...] Eu tenho nos meus trabalhos me colocado [...] procuro ser solidária com as pessoas no momento de dor que é difícil [...] eu sou um bicho igual a todos vocês, vocês são uns bichos iguais a mim, quer dizer, somos seres humanos muito parecidos [...] acho que isso também facilita [...]*

Para os professores entrevistados, dar aula é uma paixão, expressá-la faz parte do trabalho crítico, faz parte da atitude intelectual, ela se torna pertinente e busca um lugar dentro da situação de aula. Isso me remete às palavras de Alberoni (1988) sobre o estado nascente, enamoramento, uma relação verdadeira e autêntica. É uma busca, no diálogo com o outro, do reconhecimento, da aceitação, da aprovação, do restabelecimento de um passado não mais perigoso, do libertar-se, pois a verdade, como diz Alberoni, "somente a verdade os torna livres. Por isso, cada um se redime dizendo a verdade e se mostrando completamente transparente ao falar de si ao outro" (p. 39).

Outro aspecto que merece ser ressaltado é a disponibilidade interna do professor em se colocar diante da situação de aula como se esta fosse uma situação desconhecida, com caráter de surpresa e novidade, e, de uma certa forma, despojando-se das ideias e dos planejamentos feitos para a preparação da aula propriamente dita.

> P3 *[...] Uma aula é sempre um pretexto que faz parte de um determinado* curriculum *[...] Eu nunca sei exatamente o que eu vou fazer [...] depende da sala [...] depende um pouco do meu estado de espírito naquela hora. Cada aula é uma experiência particular [...]*

> P4 *[...] Eu adoro um desafio [...] Diante do desconhecido eu também consigo criar, eu prefiro fazer o meu trabalho junto. Juntos, a gente vai criar, juntos a aprendizagem se faz mais interessante, ficar falando duas ou três horas, eu acho isso uma babaquice, não é o meu sistema, ninguém vai ficar prestando atenção, [...] é uma pesquisa em ação [...]*

> P1 *[...] A aula é todo dia uma surpresa, embora pensada, planejada, proposta, por mais que você leve esta proposta já estruturada, a comunicação, a inter-relação com os alunos, muitas vezes, segue um caminho completamente novo [...]*

## Preocupações e interesses

É uma preocupação dos professores que a situação de aula provoque um movimento em si mesmos e nos alunos.

> P5 *[...] Eu me coloco como um facilitador, ou um investigador, ou um provocador, ou parteiro, ou alguma coisa neste sentido [...] Aquele que ensina tem que ser um sujeito que é, no fundo, um administrador da angústia alheia, seja gerando, seja diminuindo, seja diluindo [...] Mas, certamente, eu evito que a situação se polarize comigo [...] O meu modo de falar tem, no fundo, uma ligação com a questão do raciocínio e não com a questão da teoria [...]*

> P2 *[...] A relação professor-aluno precisa ser descentralizada, proporcionar uma reflexão no sentido de vencer*

> *todas as resistências que são necessárias para experimentar uma nova compreensão, um novo pensamento […]*

> P3 *[…] interessa-me absolutamente o outro […] Se eu não tenho gente com quem conversar, com quem aprender outra linguagem, outros conceitos, outras percepções que me façam a cada dia ser diferente do que fui no dia anterior, sinto-me morto, sinto-me uma múmia […] Como a tendência maior do sujeito é estar a vida inteira tolhido pela cultura, nosso processo de educação é disciplinar. Ele não é estimulado a produzir soluções próprias, a usar a imaginação pessoal. Eu acho que eu acabo assumindo a segunda opção, de forçar um pouco mais o lado da espontaneidade do que no outro […] porque, justamente, sinto que nesse lado eles são mais vulneráveis. Nesse processo de quebrar os referenciais convencionais pelos quais as pessoas se estabilizam e entram num estado de conformismo, grande parte desses referenciais são os da cultura que é preciso quebrar para que o indivíduo descubra que ele próprio tem um significado suficiente para se tornar o interlocutor do processo. O planeta não começou conosco, não podemos perder este referencial.*

A capacidade de atuar entre o campo da arte e o campo da terapia parece ser uma qualidade do professor para permitir a emergência de situações criativas.

> P2 *[…] para mim, a sala de aula pode estar no limite da arte, do teatro e da terapia […] O professor é uma garantia de que uma ordem será mantida. De certo*

> *modo, ele é o responsável por esta manutenção, os alunos delegam ao professor o papel de funcionar como o mentor da ordem [...]*

## Dificuldades

Observo que as situações de dificuldade vividas pelos professores estão relacionadas com o momento em que perdem o limite entre o campo pedagógico e o psicológico.

> *O desejo e a fantasmática da formação têm relações com o desejo e a fantasmática da terapia; tanto o professor como o terapeuta são confrontados com o desenvolvimento da capacidade otimista da vida. Por meio de técnicas e de uma linguagem artística, procuram assegurar a proteção e a defesa contra a morte e a destrutividade. Uma e outra encontram um dos fundamentos da vocação, na fantasmática da restauração e da reparação do corpo da mãe, numa das provas que confrontam com o interditado e a transgressão, o desejo da onipotência e da imortalidade, o poder de dominação ou de dar a morte. O que os distingue relaciona-se com suas identificações. (Kaës, 1984, p. 68)*

O professor precisa estar ciente da demanda para sua função. Na relação professor-aluno, vai se estabelecendo a transferência que pode levá-lo a sair de seu lugar de mediador e gerar no aluno um sofrimento, devido à falta de continência adequada que, de fato, nunca se estabelecerá numa sala de aula. Neste sentido, Mezan (1988) afirma que:

> *O emprego da transferência como revelador do dialeto inconsciente, próprio da psicanálise, não é o objeto da relação pedagógica, motivo pelo qual aquela pode passar despercebida ou mesmo ser utilizada para manter indefinidamente a situação aluno/professor, com efeitos de poder e influência no plano real que transcendem em muito o contexto da aprendizagem. (p. 173)*

O sentimento de onipotência pode levar o professor a querer dar conta de tudo, a lidar com aspectos afetivo-emocionais que a situação de aula não comporta. E aí perde-se a especificidade de sua função.

> P2 *[...] o discurso pedagógico poderá dizer isso, [...] a transformação emocional e terapêutica, [...] mas, ao mesmo tempo, o medo é que vire o caos, o medo é exatamente esse, o professor é uma garantia de que uma ordem será mantida, de certo modo ele é o responsável por esta manutenção, os alunos delegam, naquela situação, ao professor o papel de funcionar como esse mentor da ordem [...] esse limite se torna, de certo modo, um impasse para o desenvolvimento de relações do tipo criativo e experiência de linguagem, de relações novas, de um grupo de alunos que geralmente se ligou por vínculos curriculares que, muitas vezes, não têm esse investimento, essa disposição toda, e até suporte psicológico para isto [...] eu aprendi a lidar com esse limite; há algum tempo eu não busco mais situações, como essa situação de limite da terapia. Para mim, quer dizer, eu fico atento se elas emergirem, mas eu não me coloco tanto na posição daquele que desafia, provoca, chama os alunos a assumir esse lugar. Mas*

> *eu dou sinais de que se esse lugar aparecer na situação, ele deverá ser considerado. Mas eu tenho pendido mais para aulas expositivas, mesmo [...]*

> P1 *[...] realmente era muito difícil para mim estabelecer os limites [...] grandes dificuldades [...] botava o pedagógico a serviço do psicológico [...] basicamente é isso, com toda a razão incomodava [...] eu não sabia fazer diferente [...] eu me propunha, mas quando eu via, eu estava entrando na área do outro e isso foi realmente muito difícil [...]*

Outro tipo de dificuldade é o relacionamento, quando os alunos são fechados e não querem "mover-se", não fazem contato, não há proximidade.

> P2 *[...] quando o interlocutor se esvai, a aula fica vazia [...] escrever um livro é um sofrimento atroz, porque a cada frase que eu escrevo eu não sei para quem eu estou falando aquilo, e o interlocutor, para mim, é fantasmático mesmo, quer dizer, tem um lado muito solitário, o que há é que isso é extremamente doloroso. Agora, a aula te dá um interlocutor visível e isso é uma coisa fundamental [...] eu tenho facilidade de retomar, ou passar a falar de um assunto que surge na hora e falar muito tempo se eu tiver uma plateia interessada [...]*

Alguns professores relatam ter tido dificuldade em lidar com seu lugar de autoridade, e ocupar este lugar, quando confundido com autoritarismo. Outras dificuldades se referem às expectativas do professor, quando professor e aluno não se encaixam, pois o aluno se coloca submisso a ele e perde a capacidade de pensar por si próprio.

> P1 *[...] a gente se defrontava muito [...] na escola [...] com o problema de que nem sempre podia executar as coisas, porque a relação com a autoridade era difícil [...] não abria [...] o trabalho me frustrava na medida em que as pessoas, não tendo elaborado na sua vivência os seus conceitos de autoridade, [...] juntavam autoridade com autoritarismo [...] não sabiam [...] não aguentavam trabalhar [...] projetavam em você.*

Às vezes, sentem dificuldade quando perdem a inspiração.

> P2 *[...] É, [...] a inspiração pode ser interferida por coisas, não sei, as mais indefinidas. Assim, de repente você não sabe bem o que que é, bloqueia e você dá aula com dificuldade, como se alguma coisa estivesse te amarrando o tempo todo.*

P2 Relata seu impacto diante da segunda aula:

> P2 *[...] Você pensa que a primeira aula já resolveu todos os problemas do curso, da atividade até o fim dos tempos. Aí não, esse é que é o problema, não é a primeira, mas sim a segunda aula. O problema é manter, levar aquilo para algum lugar, criar efeito, interessar as pessoas por um mundo de possibilidades. O difícil é saber o que as pessoas efetivamente vão fazer com isso. Além disso, como trabalhar com a margem de redundância que existe no fato de você falar umas coisas, não*

> *só o que você está dizendo, mas a maneira que você diz, o ângulo em que você colocou tudo aquilo [...] oferece toda uma série de novidades que se esgotam mesmo que você tenha assunto para falar durante trinta aulas seguidas [...]*

## *Fontes de satisfação: fantasias que se realizam*

> *Quando nos apaixonamos, vivemos um paradoxo que consiste no fato de que quando nos apaixonamos tentamos reencontrar as pessoas a quem éramos apegados quando crianças. Por outro lado, pedimos ao amado que corrija os erros que os pais ou irmãos nos infligiram. Assim, o amor contém contradições: a tentativa de voltar ao passado e a de tentar alterá-lo.*
>
> *Mas devemos sempre lembrar que precisamos de muito amor para nos convencer a ficarmos na vida. Uma vez que conseguimos esse amor, ele dura, mas o universo é um lugar frio, nós é que o aquecemos com os nossos sentimentos. E sob certas condições achamos que não vale mais a pena viver.*
>
> *Todos nós encaramos, a vida toda, escolhas terríveis, escolhas morais. Algumas de grande escala. A maioria dessas escolhas é feita em planos inferiores. Mas nós decidimos pelas escolhas que fizemos. Somos, na verdade, o reflexo de nossas escolhas. Os acontecimentos se dão imprevisivelmente, de modo tão injusto, que a felicidade humana não parece ter sido incluída no desenho da humanidade.*

> *Somente nós, com nossa capacidade para amar, damos significado ao universo indiferente, e ainda assim a maioria dos seres humanos parece ter habilidade de continuar tentando, e até de encontrar alegria nas coisas simples como suas famílias, seu trabalho e na esperança de que as gerações futuras possam entender mais [...]*
>
> (W. Allen, *Crimes e pecados,* tradução nossa)

No decorrer da vida desses professores, aparecem como fonte de satisfação suas escolhas, a busca do amor e da felicidade, assim como Woody Allen assinala em *Crimes e pecados.*

Na paixão de formar transparece, como fonte de satisfação, um movimento, uma transformação que apaixona os professores.

O dar aula é descrito como algo que aumenta o próprio conhecimento, germina a independência, a liberdade de consciência, a percepção dos limites e de possibilidades, aumenta o grau de autonomia, de atualização, de investigação, de compreensão, de pensamento, como uma busca de melhorar o mundo, como um desafio.

Além desses aspectos de desenvolvimento individual, relatam a situação de aula como uma busca de conhecer o que se passa na cabeça dos alunos, de lhes proporcionar descobertas próprias, de gerar mudanças em cada um, de acolhimento, de aceitação das pessoas, de aprender com elas. É uma busca por desenvolver e multiplicar ideias, reparti-las, trocar com as pessoas, procurar ter com elas uma relação mais próxima, impulsionando-as; uma busca de partilhar e aprender com o outro numa relação com a vida. Um movimento inteiro, interno e externo, emocional e intelectual, numa relação de reciprocidade entre professor-aluno.

> P1 *[...] A gente tem uma mensagem, então, a gente tem pressa de contar para os outros; aquilo que a gente*

*está vivendo, é tão grande, tão intenso, e para a gente, pessoalmente, tão bonito, que a gente quer repartir.*

P4 *[...] Eu sou uma facilitadora, porque os conteúdos são das pessoas, a forma de trabalhar, que é uma coisa que eu domino, vai depender das interrogações e das questões que as pessoas me dão, então eu consigo partilhar efetivamente. É uma vida de partilha, onde o meu espaço está claro, definido, ele existe, mas ele é limitado e é onde eu posso olhar para o outro, respeitar o outro que tem um espaço específico, mas também limitado. Então, a gente partilha, a gente cria, que é a outra coisa que também me fascina além de ser ação, além de que ação é novidade, é vida; ela surge e nasce sem você poder controlar, mas você também pode partilhar e viver a partilha, isso é uma coisa muito boa.*

Os professores fazem referência ao seu interesse em dar aulas, independentemente da remuneração.

P3 *[...] Detesto quem entra numa carreira científica pensando na grana, no sucesso, na repercussão. Detesto a politicada dentro da universidade. Tenho ojeriza, tenho desprezo mortal por todas as pessoas que, envolvidas nesse processo, hipocritamente estão usando conhecimentos para alguma coisa que dá acesso a recursos com os quais eles podem manipular situações. É absolutamente lastimável.*

Nos relatos das entrevistas, podemos observar como quase não aparece o interesse desses professores pelo conteúdo das aulas, pelos temas.

> P5 *[...] A minha relação, em termos de ensino com as pessoas, não seria tanto a de passar conteúdos, de passar saber, de passar conhecimentos, nem de citar autores, nem de me referir a autores.*

É curioso notar ainda como o prazer se dá na relação com o aluno, na relação com o outro. Há um movimento de penetrar no outro, de fecundá-lo e nesta relação também ser fecundado por novas ideias e ser estimulado a ter novos pensamentos. Há um prazer em exercer e desenvolver o pensamento.

> P3 *[...] É algo que me faz crescer, um processo de ampliação da minha consciência, da percepção dos meus limites [...] na medida em que eu possa despertar nas pessoas um processo equivalente [...] acho que eu estou fazendo germinar neles a mesma sofreguidão de independência.*

> P5 *[...] Então, o motor do meu trabalho é muito mais prazer de articular ideias [...] E o que me agrada, o que me interessa é saber como as pessoas pensam [...] o que está por trás do pensamento de alguém.*

Podemos pensar que o professor apaixonado estabelece uma relação boa com o outro, na qual procura modificá-lo, germinar ideias, criar dúvidas nele, tirá-lo de situações acomodadas.

> P3 *[...] As pessoas aceleram os ritmos quanto maior for a dúvida que elas têm na cabeça [...] meu método de acelerar é exatamente o método de ampliar a dúvida, de tirar a certeza [...]*

> P5 *[...] Então [...] a questão toda do pensar e ensinar está muito ligada ao transformar, ao conhecer as pessoas. O que me interessa muito quando eu estou falando é criar pressão e angústia na cabeça de quem me ouve [...] não é só criar a angústia, não é isso que é apaixonante, é isso para gerar mudança e também gerar transformações.*

Nos dois últimos relatos aparecem as angústias que mobilizam a formação. A dúvida e a angústia são apontadas aqui como mola propulsora do conhecimento e do desenvolvimento. Fica evidente que junto com a relação apaixonada vêm a angústia e a dúvida na dupla professor-aluno. Há um prazer, na busca da verdade, que os professores explicitam com muita ênfase.

> P1 *[...] Ajuda era a busca da verdade, da autenticidade de ser, a gentileza de não ter, de não se incomodar com as coisas, mas isso até hoje não me incomoda.*

> P2 *[...] eu não faço uma espécie de pesquisa de mercado anterior para verificar por onde vai o interesse maior do público. Eu vou atrás da minha verdade, é disso que eu vou atrás.*

Nas aulas que observei, pude verificar como esses professores são cuidadosos com as ideias ou dúvidas colocadas pelos alunos a respeito do assunto estudado. Eles tratam essas ideias, dúvidas e pensamentos com interesse e valorização. O aluno é sempre acolhido. Parece, então, que o professor estabelece uma relação de natureza boa e amorosa com seus alunos.

> P1 *[...] No meu trabalho basicamente eu não estou preocupado em apontar falhas e fazer críticas, mas eu estou querendo ajudar o outro a construir a si mesmo, e fazer essa relação com a vida [...]*

> P4 *[...] eu acolho a produção do grupo, eu acolho a produção das pessoas [...]*

> P5 *[...] eu sou um servo da pessoa que me ouve, entendeu? Porque eu tento adequar minha mensagem à posição e às características do meu receptor, entendeu? [...] Sou atencioso com a pessoa com quem estou falando, é muito raro eu atropelar alguém, isto é apaixonante, porque eu presto atenção a minúcias.*

Os professores relatam a necessidade do olhar do outro e da importância do espelhamento.

> P2 *[...] Eu considero muito importante a necessidade do espelhamento do outro. Quando eu estou falando e tem uma pessoa interessada no que eu estou falando, na hora que eu reconheço no rosto da pessoa o interesse, eu falo sem parar, e aí não paro, o meu problema é saber que a aula tem que terminar. Aí entra nessa região do ilimitado, quer dizer, ao mesmo tempo se eu estou escrevendo e, portanto, eu não estou reconhecendo o interesse do meu ouvinte, isto se fragmenta em mil frações contraditórias, aí eu tenho dificuldades para escrever, eu me debato com as fragmentações.*

Os professores descrevem que têm uma relação de apaixonamento pelos alunos e falam do caráter afetivo-emocional desse vínculo, em que a sedução é colocada sob ressalvas, referindo-se ora a acolhimento ora a movimento.

> P2 *[...] Tem uma mistura no ser apaixonado [...] Sou e me sinto uma pessoa que tem um lado sentimental e ao mesmo tempo eu sou o contrário disso, quer dizer, sentimental no sentido de que para mim é um valor muito grande ter um sentimento emocional com as coisas. Que o afetivo vá junto com o intelectual, ao mesmo tempo esse é um valor de certo modo marginalizado [...] no meio intelectual, tem uma coisa de que o exercício do intelecto depura ou expurga. Tenho levado essas coisas de algum modo juntas. Deixo uma coisa entrar na outra. Acho que isso está no modo de dar aula e também no modo de escrever. Está ligado a uma coisa de ser professor e, ao mesmo tempo, o pudor ligado ao apaixonado tem uma certa vinculação hoje com o ingênuo. Eu não me sinto ingênuo ou também não quero ser visto como tal. Ingênuo tem conotação de muitas coisas.*

> P3 *[...] Você percebe ser uma pessoa que faz o que faz, porque está emocionalmente envolvido com aquilo [...] se o sujeito tem essas características [...] de se desprender dos lugares comuns, das condições convencionais [...] ele ganha [...] acho que facilmente eu vou ter uma ótima relação com ele [...] E assim também foi com meus professores [...]*

> P4 *[...] A relação de formar é uma relação em que tudo pode acontecer [...] tem que ter uma relação orgástica com aquilo que está ensinando, tem que gostar, tem que gostar e aí é facílimo, porque o outro se situa [...] ajuda o outro a se situar[...] se você tem uma relação prazerosa com aquilo que você ensina [...] a relação ali naquele instante fica muito boa.*

> P5 *[...] dar lugar para a pessoa existir tal como ela é [...] Então, ela não se sente diante de alguém que quer podar ou interferir na vida dela, mas alguém que vai recebê-la, que está dando alguma coisa. Isso é que é aprender alguma coisa, o efeito disso é sedutor, não é feito para seduzir, mas o efeito sedutor. A situação máxima é a pessoa sentir-se acolhida no que ela é [...]*

Podemos verificar que existe uma relação amorosa e libidinal desses professores com seus alunos: no prazer, no sofrimento, na relação consigo mesmo e na relação que estabelecem com seus alunos.

> P3 *[...] A situação do professor é enjoada por causa disso, implica que você entre num grau de envolvimento muito forte. À medida que vou trabalhando nesse espírito e, na medida em que sinta correspondência, o movimento de atração é muito forte. Mas se você avança mais do que deve, compromete. Compromete justamente nesse sentido de fazer o indivíduo ficar subserviente ao seu modo de ser, de pensar, então você tem que guardar. Você tem que guardar uma distância e uma distância de autonomia dela. Eu, a essa altura, tenho mais maturidade, estou pelo menos dez anos*

> *na frente dos meus alunos, eu tenho mais condições de ponderações e de autocontrole que eles. Eu tenho que fazer muito isso. Eu assumo o papel de autocontrole, porque em geral eles não se dão ao trabalho, tão desagradável. De um lado, eu desencadeio aquela reação toda, mas, de outro, eu tenho que segurar esse dique.*
>
> P5 *[...] na verdade eu tenho que suprimir, muitas vezes, certas manifestações de apaixonamento que eu tenho pelo tipo de possibilidade que está sendo gerada durante aquela situação. Eu tenho a impressão que esta história de professor apaixonado é um professor constantemente apaixonado ou capaz de se apaixonar pelo que está fazendo e isso infecta as pessoas, infecciona, toca, contamina, apaixona [...]*

É curioso como também este processo tem uma função na manutenção da autoestima dos professores.

Paralelamente a todos esses aspectos de vitalidade dos professores, podemos encontrar nos seus relatos histórias de vida com muito sofrimento psíquico. Parece que as perdas, o desamparo familiar, também contribuíram para que a mente dessas pessoas buscasse no mundo intelectual uma resposta para suas angústias.

Os professores relatam que na sua adolescência, aos 13, 14 anos, já procuravam respostas nos livros para suas dúvidas e para as inseguranças da vida.

Penso que o sofrimento os levou a desenvolver a curiosidade investigativa e tiveram muito cedo de contar consigo mesmos, sem o apoio das figuras parentais. Talvez encontrem na atividade de formação um reforço libidinal que não tiveram quando crianças e com isso recebam o alimento para manter a autoestima.

Então temos aí mais uma hipótese: na atividade de dar aula há um reencontro com um objeto interno perdido prematuramente e que mantém a autoestima.

Os pais são para a criança os primeiros objetos de amor interiorizados. Na situação de aula, os professores recebem do aluno uma confirmação de amor, e a situação é revivida como o amor perdido dos primeiros objetos. Esta situação possibilita dissipar fantasias de perda e de culpa em relação aos objetos parentais.

É no momento da sala de aula que o professor encontra dentro dele a fonte do brincar. Esta fonte é inerente a ele mesmo e se, por um lado, independe do outro, é no encontro com o aluno que esta fonte vai "brincar". É na situação de aula que o professor diante do aluno, interessado ou não, confronta-se com sua necessidade de dar aula, de mobilizar seus alunos. É aí que o professor pode ou não ter recursos para fazer dessa situação algo apaixonante. E quando esta atmosfera é alcançada pelo professor, será transmitida para o aluno, que se envolverá, talvez, identificando-se na pulsão do saber.

O criar relaciona-se com o brincar infantil; e é na fonte de desejos infantis que se encontram os recursos criativos para acontecer a arte de formar.

Encontramos nos relatos dos professores sobre seu entusiasmo em dar aula a percepção da dependência do ouvinte, para que o processo de formação se dê apaixonadamente. A necessidade e a dependência do outro são percebidas de forma consciente por todos os professores entrevistados. Ficam atentos para ver se mobilizam o aluno de alguma forma. Se estes estão interessados na aula e se os acham interessantes como professores. Sua atenção está voltada para a busca da compreensão dos alunos, para aceitar suas ideias e dúvidas e tentar atendê-las.

Este aspecto da dependência do professor em relação ao aluno expressa-se de formas diferentes de acordo com as características de sua personalidade. Para uns, a aula torna-se o ponto crucial de manutenção de seu equilíbrio interno e externo, onde recuperam as energias necessárias para manter organizados os outros aspectos de sua personalidade. O dar aula se transforma, então, num vício do qual o professor se torna dependente. É possível que este movimento psíquico gere um esvaziamento interno.

Há outros professores para os quais a relação de dependência também é consciente, no sentido de que o aluno é um fator importante para melhorar seu discurso, mas esta necessidade de correspondência de suas ideias não é vital para a integração de sua personalidade; sabem que têm um bom discurso a oferecer, pois contam com um objeto bom e confiante introjetado. Reconhecem a importância do outro para si mesmos, pois não se concebem como um ser completo, acabado, mas como alguém que está por se formar, por se desenvolver na relação com o próximo.

Passo agora a interpretar algumas fantasias inconscientes, retratadas nos relatos individuais dos professores, que alimentam as fontes de satisfação e mantêm a paixão de formar.

É importante ressaltar que a paixão de formar pode alimentar-se de várias fantasias, em cada professor. Focalizo aqui algumas que chamaram mais a minha atenção: professor-grávido, professor-autodidata, professor-escultor, professor-autárquico, professor-parteiro, professor-seio, professor-pênis. Utilizo-me dessas metáforas, pois condensam as fantasias inconscientes do professor.

Trabalharei em dois planos: um mais próximo dos relatos dos professores entrevistados, outro menos evidente e imediato.

O professor P2 expõe como fonte de satisfação o encontro com o olhar e com a atenção do aluno. O interesse do interessado torna a aula interessante, e coloca o professor num estado interessante de pregnância: caracteriza o que chamei de professor-grávido.

> *P2 [...] Na minha opinião, esse negócio de ter alguém com quem falar, ter alguém que se disponha a escutar é uma atração irresistível [...] Eu acho que a coisa do apaixonado, como a paixão, está ligada à coisa de uma adesão total [...] a história da paixão é a de duas pessoas que se fundem, que é uma simbiose contra o mundo e contra o resto, o que está apaixonado se funde numa coisa só. A história da tradição da paixão tem a ver com o maniqueísmo, que não bate com o trabalho didático, com esse tipo de paixão intelectual [...] é uma adesão que, ao mesmo tempo, pede a distância. Esse movimento de distanciamento e adesão, que é próprio da paixão intelectual, ela fica meio mascarado pela ideia da paixão, quer dizer, se você está apaixonado, se você está envolvido nisso, eu acho que a palavra paixão não define bem. A ideia de estado nascente, enamoramento como uma espécie de chamada por um interesse que abre perspectivas novas, estado que de repente alguma coisa te chama a ver coisas conhecidas de uma maneira nova, que é aquela coisa que eu estava lhe falando de ultrapassar umbrais, isso, ao mesmo tempo, dá um encantamento para você reconhecer o velho como novo e o novo como velho [...] esse tipo de reconhecimento, estranhamento ao mesmo tempo, eu acho que isto pode estar ligado a uma coisa de estado nascente. Quer dizer que você, por um momento, sente-se tendo nascido, estando nesse horizonte em que as coisas aparecem, ressurgem e tal. Eu acho que a relação do enamoramento com este estado pedagógico seria*

> *desse tipo de envolvimento. Vira amor porque é compreensão. Eu acho que este estado nascente é um estado interessante. Eu acho que estado interessante é muito boa definição. É um estado de interesse, um estado de pregnância, que é uma palavra usada muito para gravidez, é um estado que contém ao mesmo tempo o masculino e o feminino. Eu acho que a ideia é isso aí: estado nascente como estado interessado e estado interessante. Eu acho que os professores poderiam tornar-se interessáveis e interessantes, interessados e interessantes, isso é um achado da nossa conversa. Ela é poética na própria formulação, ela é poética suficientemente, porque ela é ambivalente, é um jogo de palavras, é um jogo conceitual. É uma relação pedagógica produtiva, essa formulação diz coisas que estão nas palavras e alude coisas pelas palavras que não estão nelas, porque há múltiplos sentidos colocados. Aí envolve a sexualidade, envolve o intelecto, envolve a propriedade do discurso liberal, que é uma conceituação precisa. Isso é música nas palavras, é o não verbal e isso é o tema. Acreditar nisso é tornar musicais as relações.*

O professor-grávido é assim chamado por estar identificado com a fantasia de ser como a mãe, cheio de bebês, ideias, pensamentos. Parece que tem introjetado um bom objeto, e a confiança neste objeto o coloca num estado de pregnância na relação formativa.

Kaës (1984) descreve como a atividade de formação ressalta e revela, para alguns professores, os aspectos que caracteriza como realização de uma fantasmática maternal. Essa fantasmática interfere na sua relação e na sua visão da atividade, no sentido de um restabelecimento de todo um primeiro universo da formação: esse universo da matriz e da gestação, do nascimento, do vir ao mundo, da amamentação e da criação, do vestir e dos primeiros reconhecimentos narcísicos.

Formar, na posição em que o professor se identifica com o poder da mãe, contém a fantasia de estar cheio de crianças no seu corpo, de alimentá-las, de cuidar delas, de protegê-las contra os perigos internos e externos: é estar identificado com o ideal da mãe boa, generosa, ilimitada nos seus recursos, de sua capacidade de dar prazer.

O tempo e o espaço são cheios de significados e emoções com relação ao tempo e ao espaço da maternidade: três ou sete dias (morte e ressurreição; tempos míticos da Gênese), nove meses (duração dos ciclos anuais), duração ilimitada. Este tempo compensa todas as alegrias e inquietudes da maternidade (nascerão em tempo certo? Ou não sairão jamais?).

Os momentos privilegiados da sala de aula remetem à relação quente, confiante, serena e plena de segurança da infância no seio maternal. Este estado nascente é acompanhado de transformação e de tomada de consciência de que a pessoa é o despertar da vida, o nascimento, o conascimento. Para nascer junto na relação professor-aluno é preciso um parto no qual uma ajuda, nem sempre, evita o traumatismo do nascimento, a angústia, a agressividade, as tensões, as ambivalências dos grupos que tentam resolver seus problemas.

Aqui, verificamos o desejo de formar em si e de fazer nascer como expressão da pulsão de vida sob o modo da maternidade. As angústias ligadas às tendências destrutivas da maternidade encontram, no outro polo, outras fantasias: a de formar natimortos, monstros, ou de quebrar os filhos, de deixá-los disformes ou de matá-los. Para formar, é necessário, de uma certa maneira, querer a morte e a separação, aceitar assim a morte no outro, fazer o luto.

Nessa fantasia de professor-grávido há uma satisfação em multiplicar:

> *P1 [...] Isto aí é o mistério de trabalhar como professor. A diferença é que os professores, na medida que conseguem que eles façam, eles se tornam multiplicadores, então, de repente, o resultado desse trabalho atingindo trinta crianças, tu estás atingindo cem crianças, cento e vinte. A diferença está nisto e foi sempre o que me fez parar para pensar na hora em que eu tinha que tomar uma decisão de ir para alguma coisa.*

Acredito que este desejo de multiplicar contém o desejo de renascer, de ser refeito; o perigo da morte é que faz ficar urgente e última esta preocupação. O perigo não é somente de ser destruído pela matriz, é a ameaça de ser expulso e separado. Ameaça que toma forma de prova inicial, protótipo de outras experiências de separação: entrada na escola, entrada para o exército, para a universidade. E bem por isso, em todo processo de formação, é importante a prova da separação das raízes infantis, do universo maternal, poderíamos mesmo dizer que um dos projetos principais da própria formação. Nessa perspectiva, parece que a demanda reiterada de formação, sonhada por certas personalidades, possui o sentido de uma tentativa de assumir compulsivamente a matriz desta angústia da separação com a mãe. As fantasias, tanto do professor quanto do aluno, o que têm em comum é que se acham separadas da imagem do pai e de seu papel na procriação e na gênese do sujeito.

Passo agora a refletir sobre o discurso de P1. Essa professora apresenta uma atitude constante de se desafiar, de muita vitalidade, de querer de alguma forma estar sempre reformulando as coisas, reconstruindo. Em todos os lugares que trabalhou, entrou com muita força de transformação e reconstrução, sempre buscando um desenvolvimento e um enriquecimento pessoal. Penso que traz fantasias de professor-autodidata ou do mito da Fênix.

> P1 *[...] Eu não acho nenhuma explicação genética para o meu entusiasmo, eu não acho que seja uma coisa da família que me tenha influenciado, não tinha nenhum professor, uma pessoa que trabalhasse com formação, não formalmente falando, mas informalmente. Na minha escola, sim, tinha uns professores com umas ideias e modelos que me influenciaram, mas nenhum deles nessa linha pela qual me encaminhei, que foi uma coisa que eu acho que foi gratuita, não foi nada comentado, previsto, mas, uma vez percebida, eu vi, o filão era esse aí [...] quando fiz o curso universitário, eu sabia muito bem o que eu queria, a minha necessidade na época era de formalizar todo aquele conhecimento que eu tinha [...] quando eu me apresentava para qualquer trabalho, qualquer coisa, a titulação básica não existia, então, a minha posição dentro do grupo era sempre inferior, porque eu não tinha título. [...] Eu comecei a perceber que riqueza de trabalho a gente tinha, eu achava que era bom, mas a gente se perguntava "será que não tem coisa melhor?" [...] isso é o desafio do processo de crescimento, não é em todo lugar. [...] A gente está sempre numa gangorra, quando a gente está amando um, o outro está lá embaixo, aí o outro melhora e aí a gente passa a estar lá embaixo com aquele, isso é altamente produtivo, é desafiante [...]*

P1 narra uma experiência de trabalho:

> P1 *[...] Uma aluna dizia que não sabia muito bem o que eu era: misto de mãe, de autoridade, de bruxa, no sentido de que pegava umas coisas dela e devolvia. Mas alguma coisa que impulsionava as pessoas [...] valorizar a pessoa, valorizar o homem do campo, o respeito às tradições, ver o rumo das coisas, como tocar para frente um trabalho.*

P1 relata que sente que sua paixão de formar vem de si mesma. Essa fantasia de formação remete-me a relacioná-la com o mito da Fênix. É como se P1 buscasse uma reparação e uma reconstrução que é inesgotável.

O mito da Fênix representa a transposição das fantasias de autoformação. Pássaro raro e suntuoso, a Fênix não tem pais, ela não nasce de uma copulação e é seu próprio pai e sua própria mãe e se cria sobre si mesma, do seu próprio corpo. Este pássaro não se alimenta, ele carrega nele mesmo seus próprios recursos. Vive na castidade, no paraíso assexuado das origens.

Fênix manifesta uma conduta suicida e provoca sua morte; ela renasce das cinzas após sua consumação. A figura que ela representa é, então, às vezes, essa de uma autoformação e de uma autodeformação cíclica, contínua, interminável.

O mito da Fênix condensa, particularmente, o movimento pelo qual o indivíduo se identifica totalmente e se anula, a causa e o efeito, o idêntico e o contrário, o que gera e o que é gerado, o formador e o ser em formação, a vida e a morte. O mito da Fênix representa, na repetição cíclica do nascimento e da morte, o componente letal da fantasia da autoformação. O autoerotismo é ordenado à consumação de si mesmo ao ponto da formação de si, que não é perfeita, nem, portanto, a morte é perfeita.

Essa recusa fundamental de cisão é também manifestada na negação da paternidade que, na prova inicial, envolve reconhecer a mãe e a separação dela como condição da formação do sujeito. A fantasia de autoformação manifesta essa recusa de toda relação de alteridade e de geração. O mito da Fênix assegura-lhe todo o poder da imortalidade.

Esta representação mítica revela a fantasia de autoformação, coloca o sujeito idêntico ao objeto do seu desejo, fechado, nele mesmo, num mesmo golpe em direção a uma história. A formação não emerge como um processo, um porvir, uma origem: ela já está feita (já é dada) ou ela não é para ser feita senão como uma exigência de um modelo inatingível, absoluto. Então, não há uma ruptura, nem geração, nem professor, nem um ser em formação distinto e suscetível de fundir uma intersubjetividade, uma aventura. A formação se reduz a uma única, definitiva e perpétua automutação.

Nesse sentido, este desejo aparece na função de defesa contra a cena primária, ocultando o lugar do sujeito dentro do desejo dos pais, do desconhecimento da vagina e do pênis, de proteção contra a angústia da castração.

A ilusão da formação ilimitada e permanente encontra na fantasia de autoformação uma garantia de não ser jamais exposto à separação da mãe, nem experimentar a lei paterna. A distinção de estar em formação e o distanciamento da primeira matriz formadora e da lei paterna abre um caminho em direção ao reconhecimento do processo de geração.

Para Kaës (1984), a fantasia de autoformação assegura que o indivíduo constituiu uma condição necessária, mas insuficiente, de trabalho de elaboração e de invenção pessoal. Tudo isso é, sem dúvida, um dos componentes essenciais da criatividade. A invenção e a formação de um mundo são também a invenção e a criação de si, colocada à prova e se reportando ao outro; toda tentativa de criação comporta a dimensão de uma autobiografia, quer trate-se de criação literária, técnica ou científica. Tanto e tão bem, que esta dimensão narcísica no trabalho de formação nos parece irredutível. Esta aliança total e pervertida ao autoerotismo que limita o alcance e constitui o impasse mortal.

Na medida em que este círculo se rompe, irrompe a criação, e o outro tem lugar na relação.

A fantasia de formação de P4 se relaciona com o desejo de esculpir, restaurar, reconstruir os pais introjetados. Parece que, no ato de formar, P4 encontra uma satisfação em que busca a reparação dos pais internos. A situação de aula representa o lugar onde suas fantasias de reparação acontecem, fazendo, agindo, modelando, esculpindo, e, assim, suas fantasias se realizam. Mas há algo interno que impossibilita que este ciclo termine. Este fazer é incessante, e a situação de aula se concebe como uma repetição destas fantasias para encontrar satisfação interna: no reencontro consigo mesma, na relação de troca, enfim, no sentir-se amada. A esta expressão da fantasia do professor, chamei de professor-escultor.

> P4 *[...] Sou uma pessoa de fazer, de ação. Isso me apaixona, estar mexendo com a coisa que é a própria ação. Existe uma harmonia feita a muitas mãos, e se a gente estiver aberta ao nível do sentir, é uma ação, então eu sinto que é uma arte. [...] Gente nova, situação nova, tudo novo, é muito mobilizador, é muito apaixonante [...] é muito próprio no meu estilo de trabalho fazer as coisas mais diferentes. Sou muito chamada para trabalhar em situações diferentes. Agora, de um lado, é maravilhoso esse tipo de trabalho, desafiante, apaixonante, mobiliza-me, enriquece-me e depois também me obriga a me pegar nas mãos de novo, sozinha. Isso foi*

> *uma coisa que, no começo, era muito mais difícil, hoje é muito mais tranquilo, mas eu acabo relacionando-me neste país de uma forma absolutamente intensa com as pessoas, que, às vezes, eu nunca mais vou ver. Então tem um ônus. Agora, a gente aprende a lidar com isso, porque, por outro lado, vamos imaginar, se eu pudesse colocar nesta sala todas as pessoas com quem eu me relacionei intensamente, que amei muito, não dava, está certo? Também tem um lado, quer dizer, aprender a perder, isto é, eu não entenderia perder, porque elas estão aqui em mim, mas aprender a me distanciar e retomar é muito importante. Amar é ter-se nas mãos e se dar inteiro e depois se retomar, ter-me nas mãos, não era uma coisa tão impossível.*

Aqui, o formar é vivido como um construir com o aluno, como se o par professor-aluno fosse esculpindo a própria formação. Uma das expressões mais típicas dos desejos infantis de formar se manifesta no jogo da modelagem, ao qual se entrega a maioria das crianças. Trata-se de figurar na terra, na argila ou no plástico, os seres inanimados aos quais só falta um sopro para viver. Kaës confirma que este jogo contém as premissas de que se orientam as diversas motivações formadoras dirigidas para o humano: puericultura, ensinamentos, formação de adultos, mas também certas atividades artísticas que com elas têm profundas afinidades, como a escultura, a cerâmica, a fundição ou a arquitetura.

Neste jogo de modelagem, a fantasia do professor ocupa simultaneamente a posição de criador e de criatura, ou seja, ao mesmo tempo, é o ser que ele forma e o ser formador, a criança e a mãe. Realiza o desejo de ser a mãe, desejo da criança, desejo de estar dentro da mãe, de a possuir.

Ao prazer da modelagem, da escultura e da insuflação, conjuga-se o desejo de fazer um outro a partir de si mesmo, tirado da substância (da terra, da argila), ou um outro semelhante a si. Muitos traços característicos dessa fase libidinal aparecem: a crença na onipotência das excreções e das ideias, a possessividade, a subjugação. O destino das pulsões parciais sádico-anais aparece claramente na posição sádica destrutiva do professor que tem o direito de vida e de morte sobre o objeto excremental, assim como um professor que na hora da prova exerce domínio sobre o aluno modelável. No aluno pacífico, o professor encontra o comparsa masoquista que lhe convém e de onde a demanda se formula como um "faça-me qualquer coisa com o meu corpo". Há uma relação de complementaridade.

À medida que há reparação, há separação entre o ideal absoluto e a realização relativa. A escultura é uma metáfora da formação de um ser humano que protege o indivíduo contra a decepção inerente à procura do ideal que compõe toda a fantasia de formação, como formação do ideal.

A plasticidade oferece aos investimentos psíquicos uma maior capacidade de representação, e uma estrutura bipolar da relação tende a se estabelecer de acordo com os pares: ativa-passiva, afirmação-negação, bom-mau, exterior-interior etc. A hipótese de que o primeiro interesse pela formação, o processo e o produto, organiza-se com o estabelecimento dos investimentos anais funda-se sobre a descoberta correlativa que faz a criança de um material plástico, vindo do interior dela mesma, manipulável e transformável num objeto de projeção e também investido por ela da mesma forma que pela sua mãe, assim, o jogo típico da modelagem pareceria um testemunho.

É neste período que se constrói a teoria sexual infantil da concepção pela máquina de formar.

A função socializadora e civilizadora da repressão do erotismo anal na formação não deve ser negligenciada. Nenhuma formação humana pode-se fazer completamente sem a economia desta repressão, que não se traduz por uma perda e uma despossessão, na medida em que as compensações individuais e socialmente valorizadas não podem vir a apoiar o mecanismo da sublimação.

Formar, como equivalente de moldar os bons e bonitos excrementos, indica que, na atividade formativa, o "formado" tem lugar onde o professor pode aceitar o desligamento. Ele pode fazer esta experiência sem o sentimento de que houve uma perda irremediável. A angústia de perder sua matéria, o prazer de a conservar, de a moldar ou de a destruir são, com efeito, as angústias e os prazeres fundamentais da fase anal e mais precisamente da fase sádico-anal (destruir, dominar). Fazer saírem de si o bonito e os bons excrementos supõe, então, que a introjeção do bom objeto pode assegurar ao sujeito o sentimento de sua bondade, relativa à mãe e à criança formadora, com o prazer de viverem juntos, de poder fazer sair de si boas coisas. Esta representação da formação como moldagem inscreve-se, então, no vocabulário, como um dos sentidos da palavra formar, desde o século XII: formar é dar forma à matéria.

Parece que no relato de P3 fica evidente que o que o fascina relaciona-se com fantasias de se transformar e de transformar o outro, ampliando assim o seu grau de desenvolvimento, de liberdade, de compreensão, de consciência de si mesmo e do mundo que o cerca. É uma busca inquietante de sua autonomia e independência. É um exemplo da metáfora professor-autárquico.

> *P3 [...] É realmente gratificante [...] não é a grana que me motiva [...] é exatamente essa sensação de que quanto mais é possível ampliar o meu grau de*

*consciência das coisas, mais eu me sinto desprendido das relações em que me vejo envolvido tanto em nível pessoal, familiar, grupal, psicológico, cultural [...] quanto mais eu compreendo como funciona o cérebro, mais aprendo o que eu posso e o que eu não posso [...] isso diminui um pouco minha situação de liberdade visual, porque tenho [...] o que é que eu não posso fazer, mas em compensação permite que eu [...] dê energia, muito mais concentrado, com maior possibilidade de realização [...] era ter uma carreira científica e especificamente paralela a uma carreira pedagógica [...] que é algo que me faz crescer, um processo de ampliação da minha consciência, de percepção dos meus limites, das minhas possibilidades, na medida em que possa despertar nas pessoas um processo equivalente [...] acho que eu estou fazendo germinar neles essa mesma sofreguidão de independência. Em última instância, eu acho que é disso que depende muito a humanidade para constar-se da sua autonomia. Logo, essa espécie de inquietude permanente acaba tendo o mínimo de compulsão contagiante. [...] Sempre tive uma enorme paixão investigativa [...] sentia que era mais ou menos dessa forma que eu conseguia ampliar ao máximo o meu modo de compreensão dessa situação em torno de mim, de modo a aumentar o processo de percepção do conjunto das situações em que eu me encontrava, na certeza de que dessa forma eu ampliava o meu grau de independência, de liberdade. [...] Ciência é um bem comum, é um "pró". Obviamente, isso tem uma raiz, que é pessoal. É um estado crescente que você sente de independência [...] As pessoas aceleram o ritmo tanto é maior a dúvida que elas tenham na cabeça delas. O*

> *meu método de acelerar é exatamente o método de ampliar a dúvida, de tirar as certezas, de tirar, uma por uma, todas as certezas. Porque são as certezas que nos fazem ajustar num quadro de convenção e o quadro de convenção nos produz um efeito de acomodação [...] quanto mais ele amplia o conhecimento dele, mais ele desestabiliza as convenções e mais equilibrado se torna. Mais desesperadamente ele tem que lutar para conseguir equilíbrio. É mais ou menos esse processo, ou seja, é uma coisa extremamente perversa. Se eu sou, por que não falar.*

Sobre a paixão dos alunos, o que gera nos alunos, e sua relação com eles, P3 afirma:

> P3 *[...] É um negócio que ele tem ou ele não tem [...] não sou eu que vou passar pra ele. Ele tem impulsos de querer ampliar o grau de conhecimento e consciência [...] para com isso ampliar o seu grau de independência, num processo que é muito angustiante, porque vai adquirir uma noção mais precisa das suas limitações. Ou ele tem, então, essa inclinação, e aí, quando a gente entra em contato, eu procuro isso nele. Certamente, ele sintoniza isso em mim e aí eu puxo esse traço com toda força, porque, a essa altura, comparado com um jovem, tenho uma faixa que me dá dez anos de vantagem, no mínimo, em termos de trabalho acadêmico nessa direção. De tal forma que eu posso usar essa experiência para um reforço nessas ex-posições dele, uma concepção mais clara de inúmeras outras opções que ele tem e que, talvez, ele não esteja vislumbrando. Etapas para ele queimar, fases que ele pode correr*

> *rapidamente, direções que estão à disposição dele e que, talvez, não esteja vendo claramente e, sobretudo, um senso de ritmo que, talvez, ele não tenha claro. Aí é o tipo de situação absolutamente nefasta, pior do que quem não tem interesse nenhum ou alguém que, por sua causa, acaba grudando e deixando de usar a própria cabeça. É o pior resultado que você pode ter, lastimável. Quando isso acontece, é superdeprimente. De forma que eu detesto causar um processo de influência que torne as pessoas submetidas ao meu processo de reflexão, à minha personalidade, ao meu modo de ser e que faz com que elas abdiquem da sua própria independência para se agregarem à minha. Isso é um terror, é um desastre supremo.*

E fala da paixão e de suas paixões:

> P3 *[...] A palavra* passione *implica justamente frustração, ela é interessante e apaixonante, se for frustrante. Se não é, se leva à consumação, ela se autoestimula e se torna odiosa, ou ela é frustrante, ela se torna impossível, então ela é extremamente revigoradora ou destrutiva no limite. Ou ela se resolve e nada é. Essa coisa da paixão, eu tenho um interesse pessoal nessa questão da paixão, por isso, quando você tocou no assunto, eu não resisti e fiz esse comentário. [...] gosto do tipo de pessoas que têm vocação, inclinação para construir um processo de autonomia. Há alguns que têm isso forte, há alguns que têm isso fraco. Há alguns que não têm. O lance é sacar, mais ou menos, qual é o ponto em que o sujeito está. A gente sempre pode tornar isso mais dramático. Se você está em segunda marcha, sempre é*

> *possível engatar a terceira, se está em terceira, a quarta, em quinta, sexta, sétima, oitava. Não é como um carro. Há quantas marchas forem necessárias sempre que você quiser engatar. Você sempre pode tornar a coisa muito mais intensiva. Você pode tornar essa predisposição numa obsessão [...] É mais ou menos isso. Eu vivo um ritmo muito frenético, muito louco, muito obcecado. Essas coisas são simplesmente uma coisa que eu gosto. Uma coisa que eu curiosamente adoro. Então se alguém tem um pouco disso e entrar em contato comigo, é como vaso comunicante: porque eu tenho, eu passo para ele, mas ele tem que ter um canal de contato comigo, senão a energia não passa. Não depende de mim, depende dele [...]*

P3 reflete a fantasia de ser autossuficiente como uma garantia contra a angústia de perda e da destruição de si para se assegurar de maneira radical contra o perigo que representa a intervenção persecutória do outro. O perigo não vem somente dele mesmo, mas desse outro mal, do seu saber envenenado; e os ataques visam esvaziar, deixar vazio aquilo que ele procura precisamente conservar no outro para subsisti-lo. A fantasia autárquica assegura as satisfações primitivas que não lhe poderão ser retiradas por nenhuma separação. Ele se constitui assim num universo paradisíaco diante do nascimento, mas sem ser totalmente protegido dos ataques internos. A fantasia autárquica sustenta a fantasia de autoformação, contra a angústia intensa que suscita em si a pulsão de morte, autodestrutiva, parcialmente projetada ao exterior. A função dessas fantasias é de defesa e de proteção, e elas se constituem como resposta à angústia da separação: da mãe primeira com a qual se forma a primitiva totalidade unitária. Essa figura completa, fechada, autossuficiente, que é aquela do andrógeno hermafrodita original, da mãe ao pênis, garantia contra as angústias da separação posterior: da perda do seio, das fezes, da separação dos sexos.

As fantasias autárquicas e autoformativas têm uma função autorreparadora. Satisfazem a necessidade de incorporação oral e bom-saber. É uma luta contra as tendências autodestrutivas e contra a angústia de lesar os objetos de seu prazer, incorpora sem conseguir assimilar. Trata-se sempre de reconstituir de modo oral a plenitude de si mesmo, de conter a hemorragia narcísica provocada pela perda de sua própria substância.

O movimento alternativo perpétuo, do nascimento e da morte, é o círculo infernal e fascinante como o da serpente, Ouroborus, que morde o próprio rabo; o círculo não pode abrir-se.

Ao mesmo tempo, o prazer e a angústia da fase oral se exprimem na série absorver-incorporar-consumir-devorar-destruir. A relação pedagógica, nesta organização libidinal, define as posições correlativas dos objetos a este estágio, no qual prevalece a relação dual e o mecanismo de projeção-introjeção.

Já no relato de P5 aparecem fantasias de penetrar e fecundar, de entrar no outro e transformá-lo. A situação de aula lhe propicia o desenvolvimento de suas ideias e de seu raciocínio. Mas dá ênfase às fantasias de se identificar com um parteiro que faz nascer ideias, e isto o fascina.

> P5 *[...] eu não uso o autor para impressionar o aluno, isto quer dizer, eu não uso os autores que eu li ou a minha cultura geral para impressionar o aluno com essa ideia; eu não me coloco como um autor, mas sim como um investigador, ou um provocador, ou um parteiro [...] eu sei que eu apareço como um autor daquelas ideias, mas eu me coloco como uma pessoa que vai suscitar problemas para serem discutidos [...]*

Com relação à paixão provocada nos alunos, P5 diz o seguinte:

> P5 *[...] O que apaixona as pessoas, se é que elas se apaixonam, é a possibilidade de aprender alguma coisa [...] O que apaixona as pessoas é a paixão. Primeiro, desencadeia em algumas pessoas, eu não me acho nem um pouquinho "realizado". Mas o que sensibiliza as pessoas é que primeiro todo mundo gosta de alguém que faz alguma coisa apaixonante.*

A representação do professor como o parteiro da formação é uma das expressões da fantasia de gravidez; mas ela não exprime uma das faces da posição fantasmática que ocupa o professor: este pode ser ativo, hábil e benevolente tecnicamente, mas também sádico e selvagem, utilizando o ferro e o fórceps. As representações do professor-parteiro podem também mascarar, pela projeção, uma identificação mais primitiva à parturiente que deve efetuar o trabalho muscular e psíquico da primeira educação, da primeira expulsão para fora de si. O trabalho de formação é, então, este de parto, e a representação da formação como um parto está na fantasia de parto dos bebês que o professor carrega em si: formar é pôr no mundo — ou não pôr no mundo — crianças, estas crianças imaginárias, estes demônios familiares ou perigosos.

O que a representação do professor-parteiro oculta é tudo o que se relaciona à identificação ambivalente com mãe; a ferida e o desprazer da primeira separação: a imagem do nascimento como saída fora da gravidez maternal, perda, mas também está distante da morte eventual. A repetição compulsiva desta expulsão traumática, protótipo de outras separações anteriores, constitui sem dúvida um dos elementos fundamentais da fantasmática da formação, que o professor encontra em suas fantasias na posição de parteiro e de parteira, de parido ou de recém-nascido.

Outra fantasia presente no professor é a de ser aquele que alimenta: professor-seio.

Identificado à mãe nutridora, o professor repete, no cenário fantasmático da formação, o prazer e a angústia ligados à relação com o seio e o desmame. Em troca do alimento que ele pode receber, como sua própria mãe pode fazer, dar ou recusar, o professor entende receber dos seus "bebês de peito" amor e gratidão, desde que ele não exerça sobre eles o prazer sádico de privá-los.

O professor-seio assinala ao outro em formação a posição da criança de peito: que ele absorve, consome e, no contraponto, nutre o bebê com o leite da ciência, com a substância da moela e o mel do conhecimento. O outro não é formado senão para tomar a forma redonda do bebê "farto-satisfeito". Uma recusa de sua parte é sentida como um atentado à razão de ser do seio-fálico. Toda a troca da atitude de amor do bebê de peito equivale, para o professor, à perda do objeto; esta recusa e esta perda são suscetíveis de reativar no professor a angústia depressiva ligada a seus próprios ataques contra o seio em que ele mesmo se nutriu e que lhe é recusado. O bebê representa a criança, uma boca que recebe o alimento e não um emissor de palavra: que ele continue sendo o objeto parcial da mãe, objeto partido do qual o professor — ou a instituição formadora, ou o saber pedagógico — apropria-se, que ele não fale, senão para a mãe, que, como na canção, o teria alimentado, mas nunca soube o seu nome.

Um circuito de nutrição permanente preserva as falhas, a falência e os ferimentos do seio: colorem os projetos da formação permanente pensada pelo ganho de uma formação de "recarregar as baterias".

A posição fantasmática do professor bom nutridor assinala ao outro a posição complementar do bom bebê-farto-satisfeito. Uma tal reciprocidade das posições se elabora verdadeiramente sobre o efeito do desejo de reparação oral, procurando defender-se de qualquer ameaça à realização dos desejos dos participantes. E essas ameaças nunca deixam de aparecer, tanto para a posição do bebê farto como do professor bom-seio; são as posições sem futuro: o professor é, com efeito, submisso às influências de suas próprias pulsões destrutivas e invejosas, como o aluno experimenta as angústias ligadas às suas próprias pulsões destrutivas e invejosas, projetadas sobre o professor ou retomadas contra si próprio. O mecanismo de defesa que prevalece nessas posições é o de cisão: ele conduz a separar e a localizar o bom e o mau objeto; a natureza das fantasias que prevalecem são relacionadas à formação invejosa.

Outra fantasia própria do professor relaciona-se ao professor-pênis, quando este está identificado com a figura do pai. Esta diz respeito ao desejo de penetrar no outro, de controlá-lo, de fecundá-lo e de fazê-lo gozar. Nesta área, a inveja é um sentimento a ser considerado.

> P5 *[...] Eu acho também que há um imaginário. Esse modo de raciocinar que combina acolhimento e respeito e a individualidade da pessoa, com essa atividade penetrante no imaginar das pessoas. Isso é uma coisa altamente excitante, isso metaforiza, digamos assim, uma relação [...]*

> P3 *[...] É isso que eu chamo de erótico. Esse processo de ampliação da consciência só se faz através do contato com outras pessoas que revertem possibilidades que você sozinho não tem possibilidades de ver. Eu tenho um desenvolvimento pessoal que tem a ver com a minha história de vida, isto é, algo que define uma trajetória, que cria um desenvolvimento do que vocês, psicólogos,*

> *chamam de creodo. A minha maneira de quebrar esse meu creodo é através de gente que tem outra história de vida e que, portanto, tem outras crenças e percebe as coisas de uma maneira diferente do que a minha. Então, eu tenho uma obsessão absoluta de contatar pessoas e tentar tirar o máximo vampirescamente do que cada um é, para poder criar uma situação pela qual ele me penetre com a diferença dele e eu penetre a pessoa, a coisa funciona assim ou é um bolo sem fermento: não presta. Não consigo imaginar uma situação, como eu te disse, enclausurada [...] o gostoso na relação é quanto mais você penetra numa pessoa. É claro que se a pessoa for rasa não tem muito que penetrar, a relação não vai adiante, mas quanto mais profunda, mais interessante a pessoa, mais interiormente rica, quanto mais ela é capaz de te estimular, de te abrir, de te arrebatar, tanto mais essa relação se torna uma relação contínua, profunda, consistente, permanente e assim por diante.*

Kaës (1984) desenvolve ideias a respeito das fantasias de penetração e controle relacionadas ao sentimento de inveja. E fala:

> *Admitimos que o âmago do sentimento de inveja é a destruição do objeto contido no interior do corpo da mãe: alimentação, fezes, pênis, crianças, e que a formação invejosa avisa este ataque sádico contra o corpo representado pelo professor, ou pela instituição ou pelo grupo ou ainda pelo próprio saber. Assim nos é também apresentado que o sentimento de gratidão torna possível, segundo Klein, uma assimilação, uma conservação e um dom do bom objeto. Enquanto isso, convém reter no espírito que a mobilização das tendências*

> *destrutivas é necessária para que a formação se efetue, sob a primazia das pulsões libidinais: que se trata, como na metáfora rabelaisiana, de quebrar o osso para retirar a substância moela, ou como em certos mitos de destruir o corpo (a cabeça, as entranhas), para incorporar o conteúdo e viver. A inveja oral é o estimulante primeiro das tendências epistemofílicas da criança, da base de sua curiosidade para a adolescência. Escreve Melanie Klein [...], o corpo da mãe é a primeira representação do mundo exterior e a primeira simbolização. Uma atitude positiva, ao seu ver, permite à criança compreender melhor e avaliar corretamente o mundo que a cerca. Ao contrário, uma defesa excessiva e prematura do ego contra seu próprio sadismo provoca a inibição desta atitude de apropriação e de exploração do corpo maternal e cria "uma suspensão" mais ou menos total da relação simbólica das coisas e dos objetos representando o conteúdo do corpo maternal e por consequência da relação do sujeito que o cerca e a realidade. (pp. 35-38)*

Penetrar no interior do corpo contendo o bom objeto para assimilá-lo, mas também para controlar o mau e destruí-lo, caracteriza o mecanismo kleiniano de identificação projetiva. Trata-se de possuir e controlar o objeto, em razão do poder e da capacidade de ataque que lhe é atribuído. Os alunos solicitam esse mecanismo, procurando penetrar na "gravidez" dos professores.

Necessária a dimensão de que a formação do sujeito (tanto professor como aluno) depende da sua capacidade de dar, do desejo de gerar, de entender, enfim, da introjeção estável de um bom objeto. E então é possível o dar sob o modo não destruidor. O modo destruidor procura privar no outro o que possui de alegria, é uma visão destrutiva do dar.

A importância destas modalidades primitivas de troca se verifica, particularmente, na prática pedagógica, na medida em que ela requer a mão de obra de uma parte e, da outra, a capacidade empática, cuja base é constituída pela identificação projetiva.

Sob a dimensão da transgressão e da culpabilidade dentro da formação, Kaës define: transgressão e penetração dentro do corpo da mãe morta pelo prazer, para aí descobrir o segredo da vida (Kaës, 1984, pp. 27-30). Entende-se, então, que a formação fascina e aterroriza.

Centrada nos relatos dos professores, sem contudo fixar suas falas, atenho-me a aspectos que julgo importantes relativos ao desejo de formar, como fantasias, angústias e conflitos que a paixão de formar contém.

As fantasias da formação manifestam-se por meio dos jogos, dos sonhos, das teorias e dos mitos pelas quais exprimem o desejo: de formar, de se formar, de ser formado ou em formação. Todo o desejo de formar expressa, no contraponto, uma luta contra o desejo de deformar.

A procura da formação supõe a concepção pelo sujeito da noção de alteridade. Ao outro é endereçada a procura de um objeto suscetível de coincidir com o objeto do desejo dentro da fantasia inconsciente. A fantasia de autoformação faz corresponder sem esperança possível o sujeito, o objeto e o outro. Tal fantasia cristaliza três dimensões da visão formativa, aí incluindo necessariamente a visão deformativa: a conquista da identidade e a luta contra toda emergência de uma referência; o desejo onipotente da dominação e da destruição de si; a procura do amor incondicional, da qual o autoerotismo representa a via mais regressiva. A busca da formação dissolve toda a diferença entre os desejos de dois seres distintos, porque o sujeito tende aqui a coincidir com ele mesmo. Esses são os impasses que representam o mito da Fênix e a figura de Ouroboros: aí se descobre a resposta autística e radical; toda a procura da formação é uma tentativa de reduzir a diferença entre o que o sujeito deseja ser e o que é, esconder a falha que separa o ser de seu projeto.

Quando o desejo de formar dirige-se a um outro, esta procura de formação encontra-se no último degrau de um saber sobre si mesmo, sobre sua identidade, de um domínio de si, do outro e do mundo, como uma realização do amor e da reparação. Há uma troca que se apresenta como um recurso encontrado na angústia do sujeito, mas ela mobiliza correlativamente as defesas, assegurando que a formação possa dar-se de maneira livre, criativa e produtiva.

Quando a formação está primeiramente na fantasia, é suscetível de apaziguar a angústia, quando ressurge da fonte para se opor a toda modificação, ressente-se como ferida narcísica de destruição de si pelo outro. Esta ligação fundamental da demanda de mudança e do medo da deformação é geralmente escamoteada na demanda manifesta, mas ela aparece nitidamente, desde que o processo formativo está em via de se engajar. É na demanda de formação que é possível reparar a cisão desta demanda e a positividade que institui o psiquismo para se defender contra a pulsão e o desejo de destruição. A oferta do formador não escapa às características de onipotência e dominação, e é o remanejamento das identificações e da economia libidinal que torna possível atender à demanda de formação. Isto só é possível no trajeto de vida e na elaboração do complexo de Édipo.

A estrutura pré-edipiana, as fixações pré-genitais, orais e anais, que se organizam internamente no professor, veiculam a ambivalência pulsional de formar e de destruir. A sublimação das pulsões parciais e a superação das identificações primárias não reduzem jamais completamente as conjunções das pulsões libidinais e da destrutividade. Sem dúvida, para criar e formar, dar o ser e a vida, é preciso também destruir.

Querer que o outro mude, transforme-se, é, de certa maneira, querer a morte ou a perda de alguma coisa, para que se ganhe uma outra capacidade, na busca de se desenvolver. Deixar-lhe possível a descoberta de sua identidade, de seu poder, é também separar, distinguir, introduzir a perda e o movimento: é abrir no desejo de reparar a presença da deformação e da morte.

A oferta do professor, se for submetida ao seu desejo onipotente e de destruição, pode se estabelecer a serviço do narcisismo: querer com efeito que o outro mude, sem aceitar por si mesmo a mudança, é satisfazer o desejo de mudança sob o modo de representação sádica.

O que se manifesta na fantasmática da formação e de suas elaborações é o desejo de um saber-ser referindo-se ao desejo, sua origem, seus atores, suas modalidades de realização e seus efeitos; são também as defesas mobilizadas contra ele. A oferta como demanda da formação se refere à busca de uma solução e de uma dominação, refere-se ao enigma da fabricação das crianças, da diferença dos sexos, da vida e da morte. É lá que a formação entretém as relações estreitas, entendidas como a iniciação sexual, mobilizando as fantasias de sedução, das quais as manifestações perversas fornecem o tema de numerosas fantasias romanescas. A demanda manifesta de formação aparece, então, como a formação secundária e socializada de uma demanda bem mais antiga do conhecimento de sua origem e da sexualidade, demanda para a qual a criança traz a resposta nas primeiras teorias sexuais, protótipo de suas contribuições teóricas posteriores, relativas ao adolescente e ao adulto, que são transpostas em mitos, em ideologias ou em teorias científicas.

Ao curso do processo de formação, necessariamente, a questão do desejo do outro impõe-se dentro de toda a formação: o que deseja o professor, o que deseja o aluno, vão coincidir? Podem coincidir?

Nesta questão do desejo do outro, que recoloca o sujeito diante de seu próprio desejo, o aluno pode identificar-se com o objeto suposto do desejo do professor, que ocupa o lugar de uma outra figura, a da mãe ou do pai, e, reciprocamente, para o professor há de se fazer coincidir, com o outro em formação, o objeto de seu desejo, a criança, ou a mãe ou o pênis do pai. A formação fracassa quando há uma identificação fusional, alienante, escapando, assim, a toda história e a toda mudança: até o ponto onde a angústia não se encontra mais tolerável, a alegria da unificação fusional se descobre mortífera.

Na formação, o registro de identificação especular é solicitado pelo desejo de formar o outro à sua imagem, de ser feita conforme a imagem do formador: a imagem aí tem o papel de ser uma ruptura dentro da corrente fantasmática e de tornar possível uma primeira reparação da intersubjetividade.

É na hora de reparar a perda que o separa de seu projeto que o sujeito pode constituir-se na sua subjetividade e se formar. O caráter irredutível desta perda é o motor do desejo de formação, do trabalho que ele requer, da ilusão que o inaugura. É tempo também de manter a perda entre a demanda do aluno e a oferta do professor contra a ilusão fusional de uma coincidência perfeita em que funciona o processo da formação.

Essa perda não pode ser sustentada, senão pela referência a um terceiro, que é uma garantia contra a alienação fusional e a destrutividade e que traz as condições necessárias para uma gênese e uma fundação. O terceiro é representado pelo enunciado e pela aplicação das regras que regem a situação formativa: estas regras não são imanentes aos sujeitos; elas são ordenadas, como instrumentos para a realização dos objetivos do trabalho, elas funcionam como garantias simbólicas de referência a um saber em constituição; são também uma referência terceira.

A recusa de toda referência a um terceiro simboliza a permanência no registro de um imaginário alienante que aí se modifica numa relação perversa: trata-se da negação de todo conhecimento da parte do professor. A negação não pode ter senão a ilusão de que o saber idealizado e absoluto é acessível a todos, e o aluno supõe que este saber é redutível, duvidável, admirável e proibido, é propriedade exclusiva do professor, que aí se identifica, tornando impossível todo o conhecimento e toda a fundação de um saber e de um poder sobre o desejo.

Tornar apto a um conhecimento sobre o desejo e o mundo é, para o professor, possibilitar uma transformação, por meio do trabalho, da busca de uma forma, em que formar é organizar, estruturar, configurar, tornar possível uma escolha e uma diferenciação. O desejo do professor é o motor do trabalho e o prazer é sentido dentro deste: desejo que o outro desenvolva suas capacidades de vida otimistas. Este é o sentido do efeito Pigmaleão. A riqueza das experiências pré-genitais do professor asseguram sua capacidade empática, sua atitude a regressar, sua permeabilidade à vida fantasmática, pedestal da sua paixão de formar. Mas não é o professor que é capaz de fornecer e de assumir as garantias simbólicas da relação pedagógica. Não se trata de ser o pai, nem a mãe, nem de ser pai e mãe na mesma hora, sem fracasso: trata-se de não conhecer a necessidade dessas duas dimensões e de sua ligação com a formação do ser humano.

Há conflitos que atravessam, mobilizam, dinamizam ou paralisam qualquer um que empreenda uma formação pessoal.

O primeiro tipo de conflito é intrapsíquico: formar-se, pôr em causa uma imagem enfraquecida de si no lugar que precisamente requer uma retomada da forma e uma confrontação do seu ideal. O modelo do eu ideal é fornecido pela introjeção de partes idealizadas daqueles que foram os primeiros formadores. As aderências narcísicas deste ideal são evidentemente muito importantes, para que este ideal apareça como aquele que jamais pode ser atendido. Pois, desde o processo formativo, a idealização narcísica do eu a se formar não pode senão expor o sujeito à decepção, se não ao desmoronamento deste. Por outro lado, ele não saberia então compreender sua função essencial que é a de assegurar uma defesa eficaz contra ataques destrutivos que provocam sentimento intenso ao *ego* de sua falha, desmoronando. Nessas condições, o professor, que na fantasia aparece num momento como o meio imaginário dessa impossível apropriação ideal, metamorfoseia-se rapidamente em um perigoso atacante. O dilema que se apresenta ao aluno pode aparecer assim: ou bem renuncia a este ideal para não ser mais ainda deformado, mas mantém o eu enfraquecido, fracassado; ou mantém a visão para conformar a imagem do eu destruído, mas reencontra inevitavelmente a decepção e o ataque. Nesses dois casos, é a pulsão de morte que triunfa, em ligação estreita com a idealização narcísica.

O fim deste dilema passa pelo trabalho da desilusão e, também, da capacidade do aluno de estabelecer, na relação educativa, um campo de ilusão. O corolário deste processo refere-se à capacidade do professor de manter uma relação pedagógica na qual este trabalho possa efetuar-se. E manter uma relação pedagógica é manter os termos do conflito no clima onde ele possa ser contido e superado, é tornar possível o ensaio de novas relações.

O segundo tipo de conflito é de ordem sociocultural: formar-se é perder um código social e relacional, frequentar uma participação de grupo, para tentar adquirir aí uma outra supostamente mais adequada.

Não se pode ficar insensível ao fato de que a atividade e os conflitos da formação atingem diferentes categorias de professores. Há aqueles professores que poderíamos chamar de marginais, que se tornam representantes de uma nova cultura e de um novo ideal. Esse fenômeno periódico, que pode surgir com uma geração de novos professores, leva a imaginar que há "uma criança que foi deformada" na pessoa daquele que é marginalizado. Trata-se de re-formar, de reparar este professor marginalizado, de forma que ele ocupe um lugar de "novos pais", no lugar daqueles que foram desmoronados na realidade ou na fantasia. Nesta posição ideológica que eles ocupam, os marginais-formadores estão cheios de ilusão, algumas vezes fecundas, que permitirão formar uma geração melhor do que aquela da qual eles saíram.

À guisa de conclusão, seguem-se algumas reflexões, que resultam das ideias trazidas nos capítulos anteriores.

# Conclusão

*O que é a psicanálise senão uma busca infinita de renascimentos, através da experiência do amor, recomeçada para ser deslocada, renovada, e ser não ab-regida, pelo menos recolhida e instalada no cerne da vida ulterior do analisando como condição propícia ao seu renovamento, à sua não morte?*

(J. Kristeva, *Histórias de amor*)

A psicanálise está longe de impor modelos. Espero, porém, que este livro possa servir para um repensar e uma reflexão do professor sobre sua prática, pois penso que traz uma contribuição que pode deixar transparecer a paixão de formar de cada um.

Estas reflexões aqui utilizadas, se intelectualizadas ou racionalizadas, de nada servem para interferir ou transformar o desejo inconsciente de cada professor. Instrumentalizar essas reflexões com o poder de transformar estruturas psíquicas só se dá num *setting* analítico; evidentemente, não é esta a proposta.

É limitada a possibilidade de mudança das relações, com quem quer que seja, a partir somente do conhecimento da teoria psicanalítica. O conhecimento da teoria não basta, em qualquer situação, porque uma relação tem sempre algo de misterioso que transcende o que dela se sabe.

Os desejos infantis do professor apaixonado, ou estes movimentos psíquicos que caracterizam a paixão de formar, quando congelados, petrificados, só se vão chocar com as ideias aqui colocadas, por mais que haja boa intenção por parte do professor de escutar o desejo de seus alunos e o seu próprio.

A contribuição original de Freud, que fundamenta a psicanálise, foi a criação de um modelo de aparelho psíquico baseado na dualidade, num jogo opositivo de conflitos para explicar a dinâmica emocional. A paixão de formar contém em si um conflito, uma contradição: envolve a ideia de paixão, que designa uma situação de posse e de narcisismo; e de formar, que designa uma relação com o outro de desenvolvimento, de dar e tomar forma, de libertar-se. No contraponto figuram o ódio e a deformação.

Freud descreveu a paixão como uma vivência ligada ao narcisismo e ao instinto de morte. Penso que os professores apaixonados vivem momentos de reorganização narcísica que podem levar a uma experiência narcísica de vida ou de morte. Na experiência manifesta dos relatos desses professores, percebemos uma configuração do encontro narcísico do *ego* (narcisismo secundário) com o *ego* ideal. Segundo a maior ou menor frequência e o grau de intensidade desta organização narcísica, o professor vai aproximar-se de uma relação puramente narcísica ou de uma relação de amor.

Quando Freud descreve o que é paixão, este conceito tem um ponto em comum com a definição de estado fusional de Hanna Segal e com o conceito de ilusão de Winnicott. Concordo com esses autores que, nos momentos criativos, vivemos momentos de reorganização narcísica nos quais há uma fusão total dos objetos internos ideais com o *ego*. Reencontram-se momentos de ilusão vividos nas primeiras relações infantis e uma fonte infantil inconsciente faz jorrar sua criatividade. Mas, concomitantemente a estes momentos, o professor toma posse de sua relação com a realidade, torna pública e compreensível sua criação, compartilhando-a na sua relação com o aluno. Desencadeia este mesmo processo no aluno, que também expande sua criatividade, tornando a relação professor-aluno mutuamente criativa.

Nessa constelação emocional, poderíamos dizer que a paixão de formar manifesta-se não só naqueles que educam, mas também no âmbito dos trabalhos com as relações humanas, nas ciências e nas artes, assim como nas relações afetivas de cada um.

Na forma como concebo a paixão de formar, esta só existe na medida em que a relação professor-aluno se aproxima do amor, tornando-se libertadora e permitindo que o aluno se desenvolva, assim como o professor. E aqui nos vale citar Millot (1987), que afirma:

> *Ora, segundo Freud, como já vimos, o amor constitui o motor principal da educação, a saber, a demanda de amor que a criança dirige a seus pais e educadores. Para conquistar esse amor ou conservá-lo, propõe ao adulto uma imagem enganadora, com a qual tentará satisfazer às exigências cujo polo é constituído pelo ideal do ego. (p. 153)*

O professor está diante do próprio inconsciente e do inconsciente do outro, mas não pode renunciar aos meios de sua ação enquanto educador, ele está ali para formar. A psicanálise nos coloca diante de um limite intransponível: o limite do próprio homem. Contudo, a aceitação de tais limites não pode de maneira alguma provocar uma paralisação e nem é essa, na verdade, a intenção daqueles que vêm colocando tantas restrições às aplicações da psicanálise, mesmo porque, por meio dos relatos desses professores, podemos ver que eles tiveram sua própria pedagogia, criativa e livre, escapando das armadilhas inconscientes de idealização, petrificação ou institucionalização transferidas para as relações pedagógicas.

Millot (1987) escreve que:

> *[...] o educador, bem como o analista, deveria visar, através da resolução do complexo de Édipo, a sua própria diluição como figura ideal. [...] A dissolução do complexo de Édipo só poderá efetuar-se através da superação do narcisismo, o que supõe a aceitação da castração simbólica. Resolução do Édipo e o reforço (narcísico) do eu e do ideal do ego parecem como antinômicos [...]. (p. 132)*

Se for este o movimento do professor, haverá uma chance de que seu aluno venha a abandoná-lo como figura ideal. Num dado momento, o professor aceita ser objeto do desejo do aluno, sem, contudo, sobrepujar este desejo, compreendendo que isto faz parte de todo processo de formação.

A identificação com os aspectos ideais do professor é algo que foi observado quando descrevi os modelos de professor que interferiram nas escolhas profissionais. A isto chamo "figuras de identificação". Isso pode se repetir com os alunos desses professores que projetam seus aspectos ideais no professor e se identificam com esses aspectos (*ideal do ego* do professor), despertando a curiosidade, a vontade, o desejo de saber o interno de cada um. É uma relação recíproca, em que os professores descrevem que, quando encontram um ouvinte interessado, desencadeia-se esse processo e, então, a paixão "rola". Se não há o aluno que se entrega, não há paixão que "rola", não há saber que se desenvolva.

Mas assim como cada professor teve seu modelo de professor idealizado, que depois foi discriminado, criando-se seu próprio estilo, deixando que sua paixão e seu desejo de saber e de ensinar se desenvolvessem por conta própria, esse processo deve ocorrer em relação ao aluno, que pode perder o professor idealizado e deixar sua paixão e seu desejo de saber buscar seu próprio caminho.

Millot confirma ainda que essa é a árdua tarefa para aquele que tem a paixão de formar: a luta para dar voz aos sonhos infantis e a verdade inconsciente de cada um. E é esta a ideia de Freud sobre uma educação bem-sucedida e acabada.

Quando pesquisei as definições de paixão, encontrei nos vários autores a noção de verdade, de autenticidade, de transformação em si e no outro, uma constante busca de se conhecer e de se transformar, de não se conceber como um ser finito. Esses aspectos também encontrei no relato dos professores apaixonados. Isto permite a identificação do aluno com o professor, possibilitando que o desejo de saber de cada um se exteriorize.

A dimensão ética colocada pela psicanálise na busca da verdade e da autenticidade parece ser intrínseca à arte de formar para estes professores. Este foi um dos conselhos de Freud aos educadores: que não mentissem a seus alunos (*apud* Klein, 1981a).

Parece, então, que de alguma forma esses professores criam para si próprios, cada um à sua maneira, uma pedagogia livre e criativa, na qual se colocam a cada aula sem todas as certezas, com curiosidade, com desejo de saber, abandonando sua onipotência, e permitindo que surja o desejo do outro, para juntos criarem um conhecimento.

O saber consciente por meio da paixão de formar faz contato com o saber inconsciente, gerando um saber universal e a possibilidade de desenvolvimento.

Esses professores procuram um jogo que não termina nunca, seu desejo é o de não encontrar fronteiras para seu caminho de ação. Buscam transcender. Esta busca prossegue no ato de transmitir, e o ensinar transforma-se num aprender ativo e criativo.

Pensamos na paixão como irracional, mas será que um ser irracional seria capaz de se apaixonar? Parece ser possível ao professor apaixonado conviver, concomitantemente, com sua paixão e sua razão, pois penso que sua paixão é produto de desejos infantis que se atualizam racional e amorosamente no dar aula. É uma paixão viva e elaborada que se torna manifesta no momento de dar aula.

É no âmago do professor que se pretende flexível e aberto à própria contestação que a paixão pode se instalar. Mesmo dentro da instituição, tão necessária para a sociedade, o professor apaixonado não se pode institucionalizar, pois se petrificaria.

Os relatos analisados neste trabalho mostram que há nos professores corações apaixonados, nos quais é possível a paixão ter lugar, dar vazão e ser criativa, contribuindo para a práxis educativa. Um lugar onde o aluno pode emergir como um ser pensante, assim como o professor também pode se manter criativo e pensante. Sem que ambos se tornem escravos da paixão, sem cair no narcisismo escravizante da institucionalização, um lugar onde a fonte dos desejos infantis não seque e possa jorrar um saber livre e criativo.

O professor apaixonado é aquele que é capaz de renunciar ao aluno e de perdê-lo no crescimento de suas próprias ideias e pensamentos (do aluno). É aquele que pode sentir prazer nas diferenças, nas divergências de ideias e pode conviver com elas, amá-las e transformar-se. Viver uma relação de reciprocidade.

Transformar-se, não para ser igual ao outro, mas para pensar, para crescer, para desenvolver-se, concebendo-se como um ser inacabado que abre mão das certezas e do próprio saber, da própria onipotência. A consciência de sua ignorância pode se tornar o princípio de sua sabedoria.

É aquele que é capaz de amar o outro na diferença própria do outro, é capaz de perdê-lo como discípulo e como extensão de si próprio, mas ganhá-lo como colega pensante e independente. Ao mesmo tempo, é também capaz de reconhecer a dependência da relação formativa, que se dá na medida em que o outro é importante para haver o diálogo, o conhecimento, para se articularem ideias, sendo um o interlocutor do outro.

O professor apaixonado é, então, aquele cuja chama se mantém, sua paixão não se apaga devido à idealização, não se entrega à erotização da relação professor-aluno, em que atua a libido da pulsão do saber-paixão, que o esvaziaria e o levaria a sair da posição de mediador do saber. Permite que o outro se diferencie, discrimine-se, sem ter necessidade de tê-lo à sua imagem e semelhança. E, ainda assim, mantém vivos dentro de si a pulsão de saber, o entusiasmo, a curiosidade e o respeito pelas possibilidades de desenvolvimento e conhecimento de ambos, professor-aluno. Espera-se que, como diz Mezan (1978), "no final do processo a assimetria que o funda possa ser suprimida, isto é, que a situação 'sábio-ignorante' seja substituída por uma relação de reconhecimento", tornando possível que professor e aluno "possam dialogar em condições semelhantes com o terceiro [autor] e sobretudo entre si" (pp. 177-179).

Parece que estas são algumas características psíquicas do professor que podem criar condições para que o aluno faça, sem maiores atropelos, essa caminhada em busca do objeto perdido do desejo, embora tenha que ter consciência de que, com o seu saber, o professor não pode fazer com que seu aluno aceda à verdade inconsciente que lhe é própria. Para Kupfer (1990),

> *[...] o amor ao mestre, a busca do enigma do desejo de seu professor levam o aluno a decifrar as razões que farão dele um ser amado ou odiado, procurando encaixar-se em seu desejo. Isto se dará na medida em que haja uma relação aberta entre professor e aluno para que possa aflorar o desejo inconsciente e haver um conhecimento verdadeiro. É necessário que o professor possa despojar-se, renunciar aos movimentos de desejo do aluno pelo seu desejo de saber, para que o aluno possa dar início aos movimentos próprios de ser capaz de tomar as rédeas de sua busca de conhecimento, de saber.*

> *[...] amar e estar apaixonado relacionam-se dificilmente: pois se é verdade que estar apaixonado não se parece com nada [...], também é verdade que em estar apaixonado há amar: quero possuir de qualquer maneira, mas também quero dar, ativamente. Quem poderá vencer esta dialética? Quem, senão a mulher, aquela que não está voltada para nenhum objeto — somente para [...] o dom? Se então tal apaixonado chega a "amar", é na medida em que se feminiza, alcança a categoria das grandes Apaixonadas, das Suficientemente Boas [...]. (Barthes, 1988, p. 120)*

É necessário um interlocutor para articular o conhecimento, o saber, o aprender, que num primeiro momento surge como expressão do desejo infantil, do inconsciente, em forma de processo primário. A elaboração, o processo secundário, faz-se na transferência com o aluno e vice-versa, e o saber pode ser continuamente modificado pelos efeitos da situação transferencial. A situação de aula é o lugar da paixão de formar, onde o desejo infantil se faz consciente, possibilitando a criação.

Todos os professores relatam sua dependência do olhar e do interesse do ouvinte, como esta relação os alimenta e lhes permite desenvolver criativamente e apaixonadamente seu discurso. E ao mesmo tempo esse discurso alimenta o aluno e o mantém atento e apaixonado pelo saber.

Desde pequenos buscamos ser amados. É na primeira relação com a mãe que se encontra a primeira relação de amor do bebê. Winnicott (1988) coloca que "A tarefa final da mãe consiste em desiludir gradativamente o bebê, mas sem esperança de sucesso, a menos que, a princípio, tenha podido propiciar oportunidades suficientes para a ilusão" (p. 402). Penso que a situação de aula, descrita pelos professores, que a identificam como paixão, está muito próxima desta primeira relação de amor. Suponho que é como se reencontrassem o olhar da mãe nos alunos, que desencadeia a ilusão e proporciona ao bebê a introjeção do objeto bom e a confiança neste objeto. Esta ilusão, que se origina da primeira relação boa com a mãe, relaciona-se com esta paixão de formar tendo como fonte os desejos ilusórios infantis, e se mantém viva internamente no professor apaixonado, apesar de todas as vicissitudes externas. Poderíamos afirmar que na paixão de formar se reatualizam as primeiras relações ilusórias do professor.

Desta forma, parece que, no momento da aula, o professor está identificado com o bebê que recebe o alimento bom (o olhar e o interesse do ouvinte), recebe amor, e, então, deixa fluir seus recursos mais primitivos e criativos que se originaram nos primeiros momentos da relação mãe-bebê.

Simultaneamente o professor se encontra identificado com a mãe boa introjetada, para os alunos, e pode oferecer um alimento bom a seus alunos-bebês. Há uma relação de reciprocidade.

A mãe introjetada como objeto bom e confiante é uma fonte dentro do indivíduo que lhe permite criar suas próprias ilusões.

O educador cumpre a tarefa de ser a mãe suficientemente boa e ainda possibilita, transferencialmente, a superação da dependência do aluno em relação às suas figuras parentais, movimento este necessário desde o início da vida, e, por extensão, em relação a seu professor. O professor apaixonado seria a segunda mãe suficientemente boa, assim como a mãe, que permite que o filho seja mãe, é o professor que permite que o aluno seja professor. Aqui também está presente a concepção de Freud sobre o que seria uma educação acabada e bem-sucedida, como mostra Millot (1987).

Podemos supor que o movimento psíquico que mobiliza a paixão de formar é o de buscar uma tentativa de reparação infinita. Aquele que contém este potencial dentro de si reconhece a dependência emocional nas relações de formação, aceita a própria impotência e, então, realiza a restauração dos objetos internos, numa riqueza inesgotável, em que a culpa e a destruição figuram na outra face.

Os aspectos agressivos e hostis não estão ausentes no professor apaixonado, estão presentes, mas contidos, de forma que a criação pode emergir, segundo Hönigsztejn (1990, p. 102).

O que alimenta este movimento psíquico de busca de reparação são fontes inconscientes infantis que proporcionam o caráter criativo e ilusório, e que mantêm a chama da paixão sempre acesa, apesar de toda a realidade externa.

Encontramos no modelo de sonho freudiano a paixão de formar condensando a realização viva e elaborada, manifesta, de desejos infantis latentes.

Não encontrei no relato dos professores entrevistados nem regras, nem métodos que garantissem a eficiência de sua pedagogia. O que pode ser desvendado nestas entrevistas é que se trata de recursos inconscientes, de sonhos infantis, de fontes de desejos infantis que não secam nunca, que não param de jorrar, que nascem de si mesmos. E isto todos nós temos, só que, para alguns, esses recursos estão mais à mão e são usados para instrumentalizar aulas, isto é, a via do inconsciente-consciente está menos obstruída, e assim podem tomar posse desses recursos internos e tornar suas aulas apaixonantes, e, talvez, suas vidas apaixonantes.

Por um lado, digo que não encontrei normas e regras, mas, por outro, reitero que percebi nestes professores apaixonados uma verdade inconsciente de uma fonte muito criativa que lhes pertence. Essa fonte não é quantificável e, portanto, foge a um estudo padronizável e normatizável. Cabe a cada um ir atrás de sua fonte e deixá-la jorrar.

"Tornar musicais as relações", diz P2, "poder deixar o brincar", deixar o lúdico emergir, talvez seja um caminho para que a fonte inconsciente de cada um jorre sua água abundante. Para Herrigel (1987), o alvo pode ser atingido, como nos ensina o mestre arqueiro-zen, que fecha os olhos e, sem pensar racionalmente, faz o disparo certeiro.

É na possibilidade de poder perder, de fazer o luto, de aceitar os próprios limites, que se dá a verdadeira reparação e a criação pode emergir.

O desejo de saber, a paixão está em cada um, como diz P3: "ou se tem paixão, ou não se tem, e, se se tem, é maravilhoso". Essa é a fonte inconsciente de cada aluno e de cada professor que pode jorrar na situação de aula e, por que não dizer, na própria vida.

A situação de aula é o lugar onde o desejo, a paixão de saber e de formar, contida na relação pedagógica, adquire uma sonoridade, uma musicalidade, um colorido.

Se não há paixão, não há beleza, não se atinge o sublime e por isso não há arte no formar.

Esse colorido, essa musicalidade, vai-se desenvolvendo em meio àquilo que se ensina, interferindo e influenciando na relação pedagógica. É um tom que não é dado como consciente pelos professores, mas é um dom inconsciente que possuem e que permeia toda a sua atividade formativa.

Essa é a trama misteriosa da *paixão de formar*.

*— Então existe!!! Mas o que é isso?*

***— Não sei... sei lá... mas que existe, existe.***

# Posfácio

## *Paixão de cuidar: força motriz na identidade e na práxis do psicólogo*[1]

*Cristais são como pessoas, suas*
*imperfeições os fazem interessantes.*
(P. Townsend)

Quando me deparei com os trabalhos em torno do tema da paixão, no geral, encontrei-o associado a sofrimento, a sentimentos narcísicos, a amores impossíveis como os de Romeu e Julieta ou Tristão e Isolda. Mas a paixão à qual penso referir-me está ligada à relação com o outro, ao amor e ao entusiasmo que nos move no exercício profissional, no desejo de cuidar do outro, na busca da descoberta

---

1 Este artigo foi escrito originalmente para ser apresentado em uma conferência durante a X Jornada da Sociedade de Psicologia do Rio Grande do Sul, intitulada *Profissão psicólogo: identidade, práticas e perspectivas*, em 2006, posteriormente publicado na *Revista da Sociedade de Psicologia* do Rio Grande do Sul, (v. 6, pp. 9-24, 2007).

e de dar sentido aos conflitos do ser humano, de aprender e conhecer, tendo como norte o alívio do sofrimento psíquico.

Então, para compreendermos do que se trata a paixão de cuidar, vou caminhar pelo campo da filosofia, da sociologia, do vernáculo e da psicanálise, para então, à guisa de uma conclusão, construirmos uma definição sobre essa força motriz que move a práxis do psicólogo: a paixão de cuidar.

## *Da filosofia*

Ao procurar o conceito de paixão no dicionário de filosofia, Mora (1987) insere-o dentro da definição de amor:

> *Emprega-se o termo amor para designar atividades — ou efeito de atividades — muito diversas; o amor é interpretado como inclinação, afeto, apetite, paixão, aspiração etc. Outras vezes é considerado uma qualidade, propriedade ou relação. Fala-se de muitas formas de amor: amor físico ou sensual, amor materno, amizade, amor ao mundo, amor de Deus [...]. (p. 30)*

Gostaria de ressaltar aqui, e por isso trago essa contribuição, que Mora define a paixão como um sentimento incluso no conceito de amor, indo ao encontro da seguinte ideia: não seria a paixão um ato de amor, uma força motriz de nosso exercício profissional?

Gérard Lebrun (1987) faz uma revisão do conceito em *O Conceito de paixão*. Comento aqui uma de suas afirmações:

> *As sociedades evoluídas tendem a não considerar mais as paixões como componentes do caráter de um*

> *indivíduo, que ele deveria governar, mas como um dos fatores de perturbação do comportamento, que ele é incapaz de controlar unicamente através de suas forças. Estamos, então, é verdade, menos inclinados a culpabilizar o apaixonado, mas isso porque somos antes levados a considerá-lo doente. [...] No momento em que o herói perde a liberdade em relação a como lidar com suas paixões, não passa de um cliente em potencial para um terapeuta. [...] Todo homem com saúde é um doente que se ignora. (pp. 31-32)*

Penso que a psicanálise é um trabalho de cura pelo amor. É na busca de possibilitar ao indivíduo a posse da própria capacidade de amar que a psicanálise caminha. E, na medida em que o homem pode conhecer suas limitações, sua doença, seus desejos, só então pode encontrar a fonte do amor e uma relação rica e produtiva com a vida. A psicanálise também não trata de domesticar as paixões, mas de torná-las conscientes e possibilitar ao indivíduo que tome posse delas. É também a consciência dos próprios limites, da própria ignorância que permite o emergir da sabedoria de cada um como um ser humano e não como um Deus. Penso que, ao ignorar as paixões do homem, concebendo-as como doença, indiscriminadamente, a humanidade sai perdendo, pois é no cerne do coração dos indivíduos, junto com a capacidade de elaboração, que as paixões "movem montanhas".

Considero relevante a revisão dos conceitos de paixão efetuada por Lebrun, pois recupera a naturalidade da paixão como uma pulsão própria do ser humano. Levanta questões sobre razão e paixão, saúde e doença do apaixonado e, de certa forma, recupera a paixão dentro da modernidade, mas desde que esta possa ser governada pelo indivíduo. A paixão como uma pulsão primitiva do ser humano, que possui o inconsciente, com pulsões que podem servir ao próprio homem e à vida, encontra resistência nesse autor, pois ele propõe que esta seja refreada e a vê como uma doença que deve ser exorcizada, porém não como uma possibilidade de ser elaborada e até libertar o homem.

## *Da sociologia*

É a contribuição de Alberoni (1988) que me chama a atenção em *Enamoramento e amor*. O enamoramento é definido por Alberoni (1988) como "um estado nascente de um movimento coletivo a dois", envolvendo a verdade e a autenticidade; é uma procura constante da mais genuína autenticidade de uma pessoa, um mergulho profundo dentro de seu próprio ser. Isso se obtém graças ao outro, ao diálogo com ele, ao encontro, no qual cada um procura no outro o reconhecimento, a aceitação, a compreensão, a aprovação e a redenção daquilo que sempre foi e realmente é. O restabelecimento do passado faz com que o enamoramento deixe de ser perigoso; cada um pode falar sobre ele, e contando-o para o outro, libertar-se dele. Mas, para se libertarem, para serem redimidos do passado, devem dizer a verdade, pois somente a verdade os torna livres. Por isso cada um se redime dizendo a verdade e se mostrando completamente transparente ao falar de si ao outro.

Nossa profissão só existe em função do outro e é na relação com o outro que descobrimos nosso ofício e ampliamos nosso conhecimento.

Em psicanálise, o paciente diz a verdade porque, graças à transferência, reproduz em parte o processo que espontaneamente atua durante o enamoramento. Mas a força do estado nascente destrói, em poucas horas ou instantes, barreiras inconscientes, que na psicanálise resistem, às vezes, durante anos. Isso é possível porque o medo do passado acaba. Os dois enamorados fazem uma confissão recíproca e cada um tem o poder de absolver o outro de seu passado.

E não é este o trabalho analítico? Não é esta a busca do par analítico, a busca da verdade inconsciente? É na medida em que o psicólogo/psicanalista pode se conhecer e estar neste estado nascente em que a paixão emerge pela descoberta de si mesmo, pelo autoconhecimento e apaixona não só a si mesmo como ao outro. É também na relação analítica, em que o psicólogo/psicanalista se entrega e pode oferecer o que tem de melhor ao paciente, que é possível nascer uma relação apaixonada pela busca do alívio do sofrimento psíquico e do conhecimento de si mesmo.

Alberoni afirma:

> *A propensão ao enamoramento, portanto, não se revela na vontade de se enamorar, mas na percepção da intensidade vital do mundo e da sua felicidade, no sentimento de exclusão desse mundo e na inveja dessa felicidade, com a certeza de que lhe é inacessível. O enamoramento não é desejar uma pessoa bela e interessante — é uma reformulação de todo campo social, um ver o mundo com novos olhos. (p. 5)*

Penso que esta busca de reformulação constante é que caracterizaria o movimento psíquico que se mantém internamente em nossa práxis.

Como se passa do enamoramento ao amor? Alberoni responde:

> *Através de uma série de provas. Provas que impomos a nós mesmos, provas que impomos ao outro, provas que nos são impostas pelos sistemas internos. Algumas*

> *dessas provas são cruciais. Se forem superadas, o enamoramento encontra no mundo das certezas do cotidiano o que chamamos amor; do contrário, aparece outra coisa: a renúncia, a petrificação ou o desenamoramento. O enamoramento resiste a várias provas: provas da verdade, da sinceridade e da reciprocidade. Querer juntos as coisas que cada um autenticamente deseja significa ter que mudar, ter que separar-nos das coisas que queríamos antes, às quais dávamos importância. (p. 58-60).*

Esta ideia remete ao psicólogo que nunca desiste da arte de analisar, da arte de buscar o sentido das emoções. Talvez este estado de enamoramento seja o estado psíquico que o mantém apaixonado, apesar de todas as vicissitudes.

É nesse sentido que penso que a paixão como força motriz da identidade do psicólogo caracterizar-se-ia por um movimento psíquico que se mantém apesar de todas as vicissitudes externas e intrapsíquicas. Ele não se petrifica, não se banaliza, não se institucionaliza e se mantém vivo. Mas é paradoxal, pois, ao mesmo tempo em que o psicólogo apaixonado não se institucionaliza, ele necessita da instituição para formar-se, para realizar-se, para revelar-se. É neste duelo que o psicólogo procura deixar sua paixão sobreviver e encontrar vazão.

## *Do vernáculo*

Quais seriam os significados da língua portuguesa para paixão, cuidar e terapia?

No *Novo dicionário da língua portuguesa*, o professor Aurélio Buarque de Holanda Ferreira (1986); e Houaiss *et al.* (2001), no *Dicionário Houaiss da língua portuguesa*, assim definem:

> *Paixão. (Do latim* passio, onis, *"paixão, passividade; sofrimento"). Sentimento ou emoção levados a um alto grau de intensidade, sobrepondo-se à lucidez e à razão. Amor ardente; inclinação afetiva e sensual intensa. Afeto dominador e cego; obsessão. Entusiasmo muito vivo por alguma coisa. Atividade, hábito ou vício dominador. Objeto da paixão. Desgosto, mágoa, sofrimento. Arrebatamento, cólera. Disposição contrária ou favorável a alguma coisa, e que ultrapassa os limites da lógica; parcialidade marcante; fanatismo, cegueira. A expressão de sensibilidade ou entusiasmo do artista que se manifesta numa obra de arte; calor, emoção. (Ferreira, 1986, p. 1248)*

> *Paixão. Grande entusiasmo por alguma coisa, calor, emoção, vida; atividade, hábito ou vício dominador; furor incontrolável; exaltação, cólera; sensibilidade. (Houaiss, 2001)*

Aqui, o amor é inserido no conceito de paixão. E, como se não bastasse, Aurélio Buarque de Holanda, entre outras definições de amor, ainda ressalta: "Conjunto de fenômenos cerebrais e afetivos que constituem o instinto sexual. Afeto a pessoas ou coisas, paixão, entusiasmo".

Acerca do conceito de cuidar, Houaiss e Aulete assim definem:

> *Cuidar (do latim* cogito, as, avi, atum, are *"agitar no espírito, remoer no pensamento, pensar, meditar,*

> *projetar, preparar"): meditar com ponderação; pensar, ponderar; reparar, atentar para, prestar atenção em; fazer, realizar (alguma coisa) com; preocupar-se com, interessar-se por; responsabilizar-se por (algo); administrar, tratar, olhar; tratar (da saúde, do bem-estar etc.) de (pessoa ou animal) ou (da aparência, conservação etc.) de (alguma coisa); tomar conta; ter muita atenção para consigo mesmo (exterior e/ou interiormente); acautelar-se, prevenir-se. (Houaiss, 2001)*

> *Cuidar. Cogitar, imaginar, meditar: Empregar a atenção, o pensamento, a imaginação; refletir: Cuidar em ou de alguma coisa ou pessoa, tratar dela, trabalhar pelos interesses dela: importar-se, dar-se cuidado. (Aulete, 1958)*

Por sua vez, o vocábulo "terapia" deriva do grego *therapeia*, que significa "eu cuido de curar, tratar e cuidar". Houaiss define esse verbete como:

> *tratamento de doentes; terapêutica; toda intervenção que visa tratar problemas somáticos, psíquicos ou psicossomáticos, suas causas e seus sintomas, com o fim de obter um restabelecimento da saúde ou do bem-estar; terapêutica.*

Com essas definições dadas pela semântica da língua portuguesa torna-se possível estabelecer a relação entre paixão e cuidar na nossa práxis.

A paixão é um sentimento que se sobrepõe à razão, uma emoção, um sentimento de entusiasmo, mas em relação a quê?

Não é apenas um apaixonar-se por apaixonar-se, não tem um fim em si mesmo; mas a paixão de cuidar adquire significado na busca de um objeto de amor que é o outro.

O outro é aqui entendido tanto como a busca em compreender o psiquismo humano, quanto o próprio paciente que nos solicita ajuda. É também a busca pelo sentido e pelo conhecimento das próprias emoções inconscientes. O paciente ocupa um lugar de intimidade com o terapeuta e com o objeto de investigação.

A paixão de cuidar envolve sentir-se incompleto, descuidado, desamparado, deformado, querendo reparar-se, cuidar-se. Este é um sentimento de perder-se, de deformar-se e deformar o outro, de não estar inteiramente concebido e de buscar e dar transformação. Nisso há sofrimento, dor, mágoa e desgosto. Mas por se dispor a lidar com tais sentimentos que a paixão emerge e encontra no ato terapêutico uma chama incandescente.

Então quem é o psicólogo/psicanalista apaixonado ou possuidor da paixão de cuidar?

Seria aquele entusiasmado pela arte de cuidar do outro e que, apesar de todas as vicissitudes, não desiste dessa tarefa e fica ao lado, suporta e sobrevive ao sofrimento psíquico, seu e de seu paciente. É aquele que empatiza com a dor psíquica. É aquele que nunca desiste de buscar sentido para os fenômenos inconscientes que se manifestam nos sintomas da humanidade e que procura compreender e dar representação às angústias do ser humano. É aquele que dificilmente abandona o exercício de levar em consideração o sofrimento psíquico, na eterna busca de encontrar um sentido.

A paixão de cuidar expressa-se dependendo das fantasias que a mobilizam. Que fantasias são essas? Vamos verificar o que nos diz a psicanálise a esse respeito.

## *Da psicanálise*

Aurélio Buarque de Holanda, em sua primeira definição de paixão, descreve-a como Freud a concebia: uma emoção muito intensa que se sobrepõe à lucidez e à razão. Em seu texto "O ego e o id", Freud diz que "O *id* contém as paixões". O *id*, uma das instâncias (*ego*, *id* e *superego*) diferenciadas por Freud na sua teoria do aparelho psíquico, constitui o polo pulsional da personalidade, com conteúdos inconscientes (Laplanche & Pontalis, 1977). Se a paixão, para Freud, é tida como fazendo parte do *id*, ela é compreendida como em grande parte inconsciente, o que a sobrepõe à razão, à consciência (não se pode tornar conhecida para o *ego*).

A transferência, para Laplanche e Pontalis (1977), é "o processo pelo qual os desejos inconscientes se atualizam sobre determinados objetos no quadro de um certo tipo de relação estabelecida com eles e, eminentemente, no quadro da relação analítica" (p. 668).

A transferência existe sempre, em qualquer relação inter-humana e em qualquer comportamento. Habitualmente, entende-se que toda transferência é uma transferência de aspectos infantis, aspectos ou características internas, nem sempre conscientes. Estes aspectos internos são as identificações conflitivas ou não, contraditórias, integradas ou dissociadas, ambíguas, que pertencem ao indivíduo. Estão presentes em todo comportamento mantido por um indivíduo não só na atualização de todo o seu passado e de todo o seu futuro, como também na manifestação de sua personalidade, como afirmou Freud (1976a).

Assim, o que se transfere são as experiências infantis vividas, principalmente com os pais, ou características internas que se constituem nas identificações, que se tornam atualizadas ganhando vida novamente na relação terapêutica, tanto do ponto de vista do paciente como do terapeuta.

É a partir do jogo das identificações que se vão organizando as relações do indivíduo com as várias instâncias que constituem o aparelho psíquico: *id*, *ego* e *superego*. (Freud, 1976h)

A mais remota expressão de uma identificação é o laço emocional vivido pela criança em relação às figuras parentais. Esta modalidade do laço da criança com outra pessoa foi descrita principalmente como a primeira relação com a mãe, antes de existir a diferenciação entre o *ego* e o *superego*. Numa identificação,

> *[...] o que está em jogo é ser como o outro a quem se está identificado. Ou seja, o indivíduo assimila um aspecto ou qualidade do outro e "transforma-se", total ou parcialmente, segundo o modelo dessa pessoa. A personalidade constitui-se e diferencia-se por uma série de identificações. (Freud, 1976l)*

Melanie Klein (1975b), em "Sobre a identificação", afirma que os processos de identificação e introjeção têm um papel central na construção do psiquismo humano, fazendo parte do desenvolvimento normal. É o meio pelo qual se vai estruturando o mundo interno e os objetos primários internalizados, junto com a realidade externa. "Os objetos internalizados primários formam a base dos processos complexos de identificação" (p. 74). A ansiedade persecutória é a forma primeira de ansiedade, seguida, então, pela ansiedade depressiva; a introjeção e a projeção operam desde o início da vida pós-natal e interagem constantemente. O mundo interno é constituído de objetos, principalmente a mãe, internalizados nos vários aspectos e situações emocionais. No desenvolvimento normal, ao final do primeiro ano de vida, a ansiedade persecutória diminui e a ansiedade depressiva pode vir para o primeiro plano, em consequência da maior capacidade de integração e sintetização do *ego* e de seus objetos e da maneira de lidar com os sentimentos ambivalentes de amor e ódio. O processo de simbolização que dá origem à curiosidade epistemofílica inicia-se neste momento psíquico.

Os mecanismos psíquicos que operacionalizam a paixão de cuidar na relação analítica são a sublimação (Freud, 1976h) e a reparação (Klein, 1981a), alcançados na medida em que desenvolveram sua capacidade de simbolização e conhecimento. Este é o resultado de uma renúncia bem-sucedida, de um alvo instintual que só pode ocorrer mediante o luto. A formação de símbolos é também o resultado de uma perda; é um ato criador que envolve a dor e todo o trabalho de luto.

Tanto para se atingir um estado sublimatório como para se efetivarem as reparações psíquicas, é necessário que o indivíduo possa lidar com fantasias de perda, isto é, o luto das primeiras identificações, das primeiras relações de objeto, do paraíso perdido na infância.

Penso que há uma fonte de desejos infantis, inconscientes, latentes, que se tornam manifestos na paixão de cuidar, é um *quantum* de pulsão de vida e sexual que se transforma e se manifesta no psicólogo/psicanalista apaixonado, mas esta pulsão não atua erótica ou libidinalmente. Isto dá à paixão de cuidar o caráter criativo, apaixonante, reparador, restaurador e, também, sublime.

A paixão de cuidar não seria uma busca de reparação dos objetos primitivos, contendo a sublimação e a criação? E como se dá a criação na paixão de cuidar?

Hanna Segal (1982), ao falar da essência da criação estética, acredita que esta seja uma resolução da situação depressiva central, e que o fator principal da experiência estética é a identificação com este processo. No entanto, enfatiza mais o papel da idealização que se origina na posição esquizoparanoide. Segal concorda com Adrian Stokes, que afirma que "o artista busca o ponto exato em que pode simultaneamente manter o objeto ideal fundido com o *Self*, um objeto percebido como separado e independente, como na posição depressiva" (*apud* Segal, 1982, p. 271).

Elliot Jaques (1990), a respeito da crise da meia-idade, fala da diferença entre o tipo de criatividade antes da crise e depois dela. Antes da crise, o artista busca mais o objeto ideal; passada esta crise, o medo da morte, "ele está mais à procura da recriação do objeto, com vista na posição depressiva, segundo Melanie Klein" (p. 267). Penso que isto também é possível para os psicólogos/psicanalistas.

Com relação à elaboração da posição depressiva, diz Jaques:

> *[...] o equilíbrio predominante entre amor e ódio está do lado do amor; há uma fusão pulsional, na qual o ódio pode ser mitigado pelo amor, e o encontro da meia-idade com a morte e o ódio adquire uma coloração diferente. São revividas as memórias inconscientes profundas do ódio — não negadas, mas mitigadas pelo amor; da morte e da destruição, mitigadas pela reparação e pelo desejo de viver; das boas coisas injuriadas e danificadas pelo ódio, novamente revividas e sanadas pelo pesar amoroso; da inveja espoliadora, mitigada pela admiração e pela gratidão; da confiança e da esperança, não através da negação, mas de um sentido interno profundo de que o tormento da dor e da perda, da culpa e da perseguição, pode ser tolerado e superado se enfrentado com uma reparação amorosa. (p. 267)*

O trabalho do psicólogo/psicanalista seria, então, uma atividade de reparação contínua e, ao mesmo tempo, de criação para aquele psicólogo/psicanalista apaixonado pela arte de cuidar, em que o ódio ficaria mitigado pelo amor.

A reparação, que supõe sempre comportamentos sublimatórios, não é privativa de nenhuma especialidade. Todo ser humano pode reparar, em sua tarefa, na medida em que se acha interiormente integrado. A diferença entre uns e outros apoia-se nos caminhos e meios empregados para obtê-lo, e no grau de destruição dos próprios objetos internos.

Poderíamos também pensar que, se a identidade profissional é um aspecto do *self*, esta expressaria a manifestação adulta normal da onipotência infantil (Bohoslavsky, 1980). O instrumento fundamental de quem emprega uma modalidade clínica é a sua própria pessoa, então: para dar-se é necessário, primeiramente, possuir-se a si mesmo.

Partindo da hipótese de que toda profissão inclui fantasias reparatórias referentes a objetos, tanto interiores como exteriores, no desempenho de seu papel, o psicólogo/psicanalista reatualiza seus próprios lutos no exercício de sua profissão.

O que caracteriza o desejo de cuidar? Que conflitos e fantasias estão presentes? Qual é a fantasmática da paixão de cuidar?

A paixão de cuidar é uma atividade atravessada por tensões poderosas. Há uma luta permanente entre as pulsões de vida e as pulsões destrutivas que organizam e estabilizam toda a atividade do psicólogo/psicanalista.

A fantasia de cuidar do outro é uma das modalidades específicas da luta contra a angústia de enlouquecer, contra a angústia de enlouquecer o outro e contra as tendências destrutivas, e é por isso que, na sua forma mais pura, ela é uma fantasia de onipotência e de imortalidade e, em sua outra face, encontramos a destruição, a angústia e a culpa (Searles, 1981).

Independentemente de quem sejam, os psicólogos/psicanalistas de crianças são muito mais sensíveis à sua própria infância, pois é provavelmente na infância muito precoce que se enraízam nossas vocações cuidadoras e não somente na adolescência, quando são suscitadas identificações apenas secundárias, mais superficiais e simplesmente desencadeadoras. É por isso que cuidar da mãe depressiva representa para o bebê uma das mais importantes raízes possíveis de sua futura vocação terapêutica. É uma configuração existencial que foi a do próprio Freud, pois, quando tinha 18 meses, foi confrontado com a profunda depressão de sua mãe, devido à morte de seu irmão mais novo, Julius. Infelizmente, nem todos os filhos de mães deprimidas se tornam Freud. Mas, de toda forma, essa é uma situação relativamente frequente, na medida em que as introjeções mais precoces são sempre as mais tenazes, e disso decorre que, na posição de criança-terapeuta, a compulsão de cuidar do outro se instaura facilmente e por longo tempo.

É o homem, na qualidade de quem deseja, daquele que se preocupa com o outro, que mobiliza a paixão de cuidar e o sentimento de risco, porque se trata de tornar o homem disponível para a formulação do seu desejo e do seu conhecimento da realidade para aqueles humanos que estão sofrendo. É verdade que toda terapia pode sempre se reduzir a uma técnica pura que diminuirá a economia de risco e tornará racional a paixão: a relação analítica perderá, então, a origem própria de seu interesse pelo homem, ela parará de ser também uma obra de imaginação e desejo, uma poesia humana.

Então eu me pergunto: mas, afinal, o que vem a ser o psicólogo/psicanalista? Seria um conhecedor do inconsciente (Silva, 1992)?

De fato, nunca se conhece o inconsciente. Não há um inconsciente. Mas, sem dúvida, podemos nos aproximar de uma tendência de alguns elementos inconscientes, de nós mesmos e de nossos pacientes, mas não de todo inconsciente, pois este é relativo, incognoscível, incomensurável e infinito.

Seria um curioso do inconsciente?

Sempre. É aquele que especula e busca em tudo a verdade inconsciente, temporária, mas não absoluta, e mune-se da investigação psicanalítica, na descoberta daquilo que nem sempre se pode ver.

Seria um conquistador da verdade anímica?

Não, aí se diferencia da magia, dos oráculos etc. Não há verdade preestabelecida, nem absoluta, nem divina, assim como não há inconsciente absoluto, como não há psicanalista acabado. Se assim fosse, findaria a investigação psicanalítica. O que há é algo que toma corpo na relação com o outro. Neste contexto com dois, estes buscam a verdade possível daquele momento que se transformará e se modificará, como metamorfose, para no momento seguinte se tornar uma verdade mais atual.

Seria um apaixonado pela mente humana?

Eterno apaixonado. Movimentando-se com entusiasmo e curiosidade pelas entranhas do psiquismo atrás dos enigmas do desconhecido. Narcísico, também, mas de um narcisismo que conflitua o desejo e a frustração por um fim maior, que é empatizar com o sofrimento do outro e de si próprio. A noção de alteridade se impõe.

O que seria um psicanalista em si?

Nada. Traduzindo: a psicanálise se constitui a partir da empiria, isto é, a partir da prática e da observação clínica. Portanto, ser psicanalista só toma significado quando em relação, contendo os aspectos apontados nas respostas anteriores. Seja em relação com: o outro inconsciente, o outro seu próprio inconsciente, o inconsciente dos pacientes, que buscam significado na relação transferencial viva do *setting* analítico. Ou, ainda, seja na relação transferencial com o texto, com a cultura ou com a realidade social. O conceito de transferência se elege. Vem para legitimar a prática psicanalítica, no sentido de transferir atributos psíquicos, seja na relação analítica seja fora dela, dando significado a algo que se mantinha inconsciente.

O psicólogo/psicanalista, então, está sempre sendo na relação. Seria alguém que contém em si a possibilidade de estar sendo e tolera a vivência do *não saber*, da ignorância, da dúvida, do desconhecido. Quando pensamos que ser psicólogo/psicanalista se dá na relação com o paciente com que nos relacionamos ou com o que somos (ou fomos), o paciente passa a nortear nossa prática e nossa teoria.

Neste sentido, o psicólogo/psicanalista seria nada, a não ser em relação com seus objetos internos e/ou os objetos internos de seus pacientes.

Ao mesmo tempo, é necessário nos desprendermos de todas as teorias *a priori* para estarmos, de fato, disponíveis a receber tudo o que o outro nos comunica, isto é, estarmos num "estado do nada", ou "estado de disponibilidade" ou "*indifferenz*"; envolvendo capacidade para tolerar ausências, dúvidas, incertezas, mistérios (sem irritabilidade e sem perder a razão); para estabelecermos uma relação analítica autêntica, em que o novo possa emergir transformando analista-paciente. Nesta situação, como afirma Melo Franco Filho (1992), fica evidente:

> *[...] que o analista está sujeito a dois momentos transformacionais no contato emocional (não intelectual)*

> *com o novo: o primeiro é desintegrador para as suas próprias estruturas de pensamento e o segundo cria integrações até então inexistentes, permitindo novas configurações emocionais. Em outro momento, estas últimas também estarão sujeitas a novo processo desintegrador que prepara nova integração etc. (p. 4)*

Parece simples, mas muitas vezes, na busca por obter as diretrizes básicas, as teorias, a epistemologia da psicanálise, a perspicácia para a escuta, a astúcia para interpretar, vemo-nos pegos pelas armadilhas do inconsciente ou da racionalização, utilizando-nos de clichês, interpretações fechadas, teorias cansadas (teorias da causalidade, do sem memória e sem desejo, da reconstrução, do kleinismo), ideologias emoldurando os pacientes, sem deixar espaço para a ilusão, para o sonhar, para a criação. E a questão dialética e dinâmica se perde na dupla analítica. Quando isso se dá, adormece nossa curiosidade investigativa, tornando esvaziada e empobrecida nossa práxis.

Aqui o nada se apresenta como uma disponibilidade e desprendimento mental condicional para ser psicólogo/psicanalista. Mas como se tornar um psicólogo/psicanalista se não há uma "forma" de psicanalista e não há uma "forma" de psicanalista definida? Como seria, então, formar-se sem se colocar em uma "forma"?

Somente com paixão. Somente um psicólogo/psicanalista com paixão, acreditando e estabelecendo uma relação de entusiasmo com a psicanálise, pode verdadeiramente trazer à tona a identidade psicanalítica de cada um de nós. Paixão que move, mas que não cega.

Apenas uma relação de formação apaixonada-apaixonante pode revelar e desvelar o psicanalista de cada um, tanto para aquele que forma como para aquele que é formado.

Já dizia Freud (1976d) que educar e psicanalisar eram tarefas impossíveis. Mas parece que as sociedades e os institutos de formação têm enfrentado com êxito este desafio. Tarefa bastante difícil esta que é formar sem colocar em uma fôrma.

Formar, para o professor psicanalista apaixonado, é levar o outro a achar seu próprio caminho, a transformar-se, a evoluir, a refletir, a mover-se, a relacionar-se. Neste processo, coloca-se como alguém também se formando, movimentando-se, transformando-se, evoluindo, relacionando-se com trocas enriquecedoras e significativas (Silva, 1991).

Refere-se a colocar em movimento, à troca, à transformação, formar está relacionado a um processo que se dá internamente, isto é, para dentro e não para fora, envolvendo o manejo das diferenças, das divergências, presentes em todas as relações humanas.

O caráter de constantes transformações e o componente de criatividade fazem parte dos recursos de que o psicólogo/psicanalista se utiliza nesse processo de vir a ser. Como diz Winnicott (1975):

> *no brincar, e somente no brincar, que o indivíduo, criança ou adulto, pode ser criativo e usar sua personalidade integral: e é somente sendo criativo que o indivíduo descobre o eu (self). Ligado a isso, temos o fato de que somente no brincar é possível a comunicação, exceto a comunicação direta, que pertence à psicopatologia ou a um extremo de imaturidade. (pp. 79-80)*

É uma paixão, expressá-la faz parte do trabalho crítico, faz parte da atitude intelectual, ela se torna pertinente e busca um lugar nesse processo de vir a ser o psicólogo/psicanalista. Isto me remete às palavras de Alberoni sobre estado nascente, enamoramento, uma relação verdadeira e autêntica. É uma busca, no diálogo com o outro, do reconhecimento, da aceitação, da aprovação, do restabelecimento de um passado não mais perigoso, do libertar-se, pois, como diz Alberoni, somente a verdade os torna livres. Por isso, cada um se redime dizendo a verdade ao se relacionar com o outro.

Outro aspecto que pode ser ressaltado é a disponibilidade interna do psicólogo/psicanalista, colocando-se nesse processo como em uma situação desconhecida com caráter de surpresa e novidade e, de certa forma, despojando-se de ideias preconcebidas. Para ajudar o paciente a existir, o paciente tem que sentir que o analista fala como se se dirigisse unicamente a ele, senão ele se sente isolado, com fome de análise.

A capacidade de atuar entre o campo da arte e o campo lúdico parece ser uma qualidade do psicólogo/psicanalista para permitir o emergir de situações criativas.

O desejo e a fantasmática da terapia são confrontados com o desenvolvimento da capacidade otimista de vida. Por meio de um método e da arte, procuram assegurar a proteção e a defesa contra a morte e a destrutividade. O psicólogo/psicanalista encontra aí um dos fundamentos da vocação na fantasmática da restauração e da reparação do corpo da mãe, numa das provas que confrontam com o interditado e a transgressão, o desejo da onipotência e da imortalidade, o poder de dominação ou de dar a morte. O que os distingue relaciona-se com suas identificações.

Mas o psicólogo/psicanalista apaixonado precisa estar ciente da demanda para sua função. O sentimento de onipotência pode levá-lo a querer dar conta de tudo, a lidar com aspectos afetivo-emocionais que a situação terapêutica não comporta. E aí se perde a especificidade de sua função.

Muitos buscam de forma lúdica, como um jogo que não termina nunca, a reparação dos objetos internos, onde o outro figura com primazia, oferecendo conhecimento e proporcionando o desenvolvimento deste outro. A diferença se impõe como algo que vem a complementar, enriquecer, trazer a discórdia para que o novo, o desconhecido se desvele e possa emergir a criação.

Ser nada se transforma numa procura infinita cheia de obstáculos e armadilhas criados pelas instituições e pelo próprio inconsciente. E é com paixão pela especulação e investigação psicanalíticas que conseguimos superá-los.

Estar disponível para a busca da verdade mutante inconsciente e para o sofrimento do outro é um constante desafio para o ousado ser humano que deseja ser psicólogo/psicanalista. Quando for, já não o é mais, é alguém que está sempre sendo quando em relação com o outro, que só assim toma corpo na dupla analítica, e deste par nasce a nossa práxis. Mas torna-se o nada no segundo seguinte para poder vir a ser em algum outro momento.

A paixão de cuidar em nossa práxis é uma necessidade de ser. A paixão de cuidar diz de si, é a própria existência, é uma crença, é uma força motriz. É uma poesia. Ir ao encontro dessa vocação é legitimar sobre a necessidade de se ouvir e de ouvir o próprio desejo: é fundamental no processo de recuperação da própria identidade e dignidade. É impossível ser psicanalista sem uma vocação.

## *À guisa de conclusão*

Então, para concluir, vamos retomar quem é o psicólogo/psicanalista apaixonado ou que toma a paixão como força motriz de sua identidade, ou seja, aquele que é possuidor da paixão de cuidar.

O psicólogo/psicanalista apaixonado seria aquele entusiasmado pelo cuidar do outro e que, apesar de todas as vicissitudes, não desiste dessa tarefa e fica ao lado, suporta e sobrevive ao sofrimento psíquico, seu e de seu paciente. É aquele que empatiza com a dor psíquica. É aquele que nunca desiste de buscar sentido para os fenômenos inconscientes que se manifestam nos sintomas da humanidade. É aquele que dificilmente abandona o exercício de levar em consideração o sofrimento psíquico na busca de fazer sentido e de dar representação.

O psicólogo/psicanalista apaixonado é fundamentalmente aquele que se preocupa com o outro, que cuida do bem-estar do outro pela compreensão de suas necessidades e de seu sofrimento.

A paixão de cuidar, como força motriz de nossa identidade, fica vivificada em nossa paixão pela descoberta, pelo conhecimento, pela diferença, pelo outro, pelo cuidar do outro. Diante da eterna curiosidade frente ao desconhecido e da capacidade em lidar com o inesperado. Na infinita busca em fazer sentido, em dar representação, na capacidade de pensar, ligar, amar, vincular-se e criar. Na busca de reparação e do alívio da dor, do sofrimento psíquico, com o objetivo de ampliar a capacidade de estar vivo do paciente, em sua maior amplitude possível do espectro da experiência humana, tornando-o cada vez mais capaz de sonhar a própria experiência: sonhar-se para vir a existir.

A paixão de cuidar só se sustenta alimentada pela esperança e pela capacidade de sobrevivermos aos ataques destrutivos vindos de nossos pacientes e, ainda, sermos capazes de pensar, mesmo quando não conseguimos entender plenamente o que está acontecendo, sem desistir de buscar um sentido. Esta é a esperança que não sucumbe, que sobrevive como na ilusão.

Além disso, é essencial que o analista seja capaz de crescimento emocional como consequência da experiência com o paciente (em conjunção com trabalho autoanalítico), de tal forma que, no decorrer da análise, torne-se mais capaz de ser o analista que o paciente necessita que ele seja (Searles, 1981).

O psicólogo/psicanalista apaixonado é aquele que tem a paixão de ousar viver o desconhecido, pois só ao ser percorrido pela dupla analista-analisando o caminho emocional desconhecido será descoberto.

# Glossário

Os conceitos que procuro definir estão fundamentalmente contidos na construção teórica de Freud e Melanie Klein. Os conceitos psicanalíticos são empregados dentro de uma visão dinâmica do mundo psíquico e numa trama teórica que os inter-relaciona. Defini-los fora deste contexto pode oferecer uma compreensão parcial. Os conceitos psicanalíticos têm várias dimensões e isolados podem sugerir uma leitura linear. Aqueles que quiserem conhecer mais profundamente a teoria psicanalítica podem consultar as obras dos autores ou os dicionários de psicanálise. Segue-se o esclarecimento de alguns conceitos.

Ansiedade: Teorias psicanalíticas sobre a ansiedade proliferaram ao longo dos anos e, em grande parte, estão relacionadas com conflitos. Em primeira instância, Freud descreveu o conflito entre o indivíduo e a exigência de comportamento civilizado (dessexualizado). Com o tempo, surgiu a noção de um conflito entre a libido e as pulsões de autopreservação ou pulsões do *ego*. Segundo essa teoria, a libido represada convertia-se em ansiedade manifestamente sentida. Em 1920, Freud modifica sua teoria das pulsões, adotando uma teoria dualista de libido e pulsão de morte. Um artigo posterior de Freud (*apud* Hinshelwood, 1992) sobre a ansiedade descrevia a ansiedade de sinalização ou de sinal, que não é diretamente uma tensão pulsional em conflito, mas sim um sinal, que ocorre no *ego*, de uma tensão pulsional antecipada. Freud descreveu o *ego* como apreciador de certas situações que dariam origem à ansiedade. Essas situações de ansiedade, portanto, não seriam pulsionais em si mesmas, mas poderiam residir dentro de funções puramente do *ego*, como a memória. Melanie Klein, baseada na noção de conflito, desenvolve o conceito de duas formas de ansiedade: depressiva e persecutória. Klein, assim como Freud, enfatizou o aspecto arcaico da ansiedade, mas voltou-se mais para o conteúdo de fantasia da ansiedade do que para a energia da qual ela deriva (Hinshelwood, 1992, pp. 234-235).

Ansiedade depressiva: A ansiedade pode estar relacionada à preservação do *ego* (ansiedade persecutória) ou à preservação dos objetos internalizados bons (ansiedade depressiva), com os quais o *ego* se identifica como um todo. A ansiedade depressiva é o elemento decisivo dos relacionamentos maduros, a fonte dos sentimentos generosos e altruístas que são devotados ao bem-estar do objeto. A ansiedade de que os objetos bons e, com eles, o *ego* sejam destruídos, ou que se achem em estado de desintegração, está entretecida com esforços contínuos e desesperados para salvar os objetos bons (Hinshelwood,1992, p. 237).

Ansiedade persecutória: A ansiedade persecutória é um temor vivido pelo *ego*; a ansiedade depressiva, um medo pela sobrevivência do objeto amado. A movimentação entre as duas não é súbita mudança, de uma vez por todas, da perseguição para a culpa, mas uma modificação gradual com muitas idas e vindas (Joseph *apud*

Hinshelwood, 1992, p. 237) da perseguição para uma forma persecutória de culpa e desta para uma forma de culpa que permite a reparação. Como a ansiedade persecutória é caracterizada por um tipo punitivo e onipotente de perseguição, é difícil aproximar-se da posição depressiva e mantê-la. É somente quando alguns esforços reparadores podem entrar em funcionamento que a culpa e o *superego* se tornam menos severos, processo que acarreta o abandono das fantasias primitivas de onipotência (Hinshelwood, 1992).

Campo: A noção de campo é definida por Fabio Herrmann (1991) como

> *[...] aquilo que determina e delimita qualquer relação humana, como o tema ou assunto determinam o diálogo [...]. Campos são regras de organização, dizem o que faz sentido num assunto e o que não faz parte dele, dizem sobretudo que sentido faz o que está no campo. Ao se dissolver, por ruptura, o campo mostra, portanto, os pressupostos que dominavam uma certa forma de pensar e sentir, que forças emocionais estavam em jogo e qual sua lógica. (p. 103)*

Campo de ilusão: É o espaço relacional criado entre a mãe e o bebê que vai permitir o desenvolvimento da curiosidade investigativa e da capacidade criativa. O reencontro com esta situação primitiva recria este campo de ilusão, permitindo a criação intelectual ou artística. Na dupla professor-aluno isto também se pode repetir, possibilitando uma relação de aprendizagem criativa. Ver também *Ilusão*.

Cisão: É um conceito kleiniano derivado do conceito freudiano de clivagem do *ego*, uma divisão psíquica: uma parte tem contato com a realidade e a outra a nega, persistindo lado a lado sem se influenciarem reciprocamente. (Laplanche & Pontalis, 1977, p. 101)

Condensação: Um dos modos essenciais do funcionamento dos processos inconscientes: um único aspecto, que representa por si só várias cadeias associativas e em cuja intersecção se encontra. Vemos operar a condensação no sintoma e, de um modo geral, nas diversas formações do inconsciente. Foi no sonho que melhor foi posta em evidência. Ela traduz-se no sonho pelo fato de o relato manifesto comparado com o conteúdo latente ser lacônico: constitui uma tradução resumida. A condensação nem por isso deve ser entendida como um resumo: se cada elemento manifesto é determinado por várias significações latentes, inversamente, cada uma destas pode encontrar-se em vários elementos; por outro lado, o elemento manifesto não representa num mesmo relato cada uma das significações de que deriva. (Laplanche & Pontalis, 1977, p. 129)

Consciente/consciência: Aquilo que conhecemos da nossa personalidade que sabemos e que é determinado pelo *ego*. No sentido descritivo: qualidade momentânea que caracteriza as percepções externas e internas no meio do conjunto dos fenômenos psíquicos. Segundo a teoria metapsicológica de Freud, a consciência seria função de um sistema, o sistema percepção-consciência (Pc-CS). Do ponto de vista *tópico*, o sistema percepção-consciência está situado na periferia do aparelho psíquico, recebendo ao mesmo tempo as informações do mundo exterior e as provenientes do interior, isto é, as sensações que se inscrevem na série desprazer-prazer e as revivescências mnésicas. Muitas vezes Freud liga a função percepção-consciência ao sistema pré-consciente, então designado como sistema pré-consciente-consciente (Pcs-Cs). Do ponto de vista *funcional*, o sistema percepção-consciência opõe-se aos sistemas de traços mnésicos que são o inconsciente e o pré-consciente: nele não se inscreve qualquer traço durável das excitações. Do ponto de vista *econômico*, caracteriza-se pelo fato de dispor de uma energia livremente móvel, suscetível de sobreinvestir este ou aquele elemento (mecanismo da atenção). A consciência desempenha um papel importante na dinâmica do conflito (evitação consciente do desagradável, regulação mais discriminadora do princípio de prazer) e do tratamento (função e limite da tomada de consciência), mas não pode ser definida como um dos polos em jogo no conflito defensivo (Laplanche & Pontalis, 1977, p. 135).

Conteúdo latente: Conjunto de significações a que se chega a partir da análise de uma produção do inconsciente, especialmente no sonho. Uma vez decifrado, o sonho deixa de aparecer como uma narrativa em imagens para se tornar uma organização de pensamentos, um discurso, que exprime um ou vários desejos (Laplanche & Pontalis, 1977, p. 142).

Conteúdo manifesto: Designa o sonho antes de ser submetido à investigação analítica, como aparece ao sonhador que relata. Por extensão, fala-se do conteúdo manifesto de qualquer produção verbalizada, desde o fantasma (fantasia) à obra literária, que se pretende interpretar segundo o método analítico (Laplanche & Pontalis, 1977, p. 144).

Epistemofilia: Desejo de saber, de conhecer.

Desejo: É a busca de satisfação de fantasias, nem sempre conscientes, e que exige satisfação absoluta.

Deslocamento: O deslocamento nos sonhos é um dos mecanismos que constitui a elaboração onírica. Manifesta-se de duas maneiras:

> *Na primeira delas, um elemento latente é substituído não por uma parte componente de si mesmo e sim por algo mais remoto, isto é, por uma alusão; e, na segunda, o acento psíquico é transferido de um elemento importante para um outro sem importância, de modo que o sonho se apresenta centrado de forma diferente e insólita. (Nagera, 1990, p. 92)*

Esse fenômeno, particularmente visível na análise do sonho, encontra-se na formação dos sintomas psiconeurossomáticos e, de um modo geral, em todas as formações do inconsciente. A teoria psicanalítica do deslocamento apela para a hipótese econômica de uma energia de investimento suscetível de se desligar das representações e de deslizar por caminhos associativos. O livre deslocamento desta energia é uma das características principais do processo primário tal como ele rege o funcionamento do sistema inconsciente (Laplanche & Pontalis, 1977, p. 162).

*Ego*/eu: É a tradução da palavra alemã *Ich* (eu), que fornece uma conotação muito mais pessoal e subjetiva. É uma instância psíquica que Freud procura distinguir do *id* e do *superego*. Do ponto de vista tópico, o *ego* se situa como mediador, encarregado dos interesses da pessoa, mas sua autonomia depende das reivindicações do *id*, dos imperativos do *superego* e das exigências da realidade. Do ponto de vista dinâmico, o *ego* é o polo defensivo representativo do conflito neurótico; põe em jogo uma série de mecanismos de defesa motivados pela percepção de um afeto desagradável (sinal de angústia). Do ponto de vista econômico, o *ego* surge como um fator de ligação dos processos psíquicos; mas, nas operações defensivas, as tentativas de ligação da energia pulsional são contaminadas pelas características que especificam o processo primário:

assumem um aspecto compulsivo, repetitivo, irreal (Laplanche & Pontalis, 1977, p. 171).

*Ego ideal*: Formação intrapsíquica que certos autores, diferenciando-a do *ideal do ego*, definem como um ideal narcísico de onipotência forjado, a partir do modelo do narcisismo infantil (Laplanche & Pontalis, 1977, p. 190).

Eros: Termo pelo qual os gregos designavam o amor e o deus Amor. Freud utiliza-o na sua última teoria das pulsões para designar o conjunto das pulsões de vida em oposição às pulsões de morte (Laplanche & Pontalis, 1977, p. 205).

Fantasia: Encenação imaginária em que o indivíduo está presente e que figura, de modo mais ou menos deformado pelos processos defensivos, a realização de um desejo e, em última análise, de um desejo inconsciente (Laplanche & Pontalis, 1977, p. 228). Como nos sonhos, elas são realizações de desejos e baseiam-se, em elevado grau, em impressões de experiências infantis (Nagera, 1990, p. 123). As fantasias são as representações mentais das pulsões de vida e de morte. Estas não nos são acessíveis diretamente e de maneira dedutiva. As fantasias de formação não provêm de uma única fonte, quer esta fonte seja uma determinação extrapsíquica, um desejo de independência, um desejo de não deformar o outro, quer seja de uma série de representações ligadas a todo o mundo psíquico consciente e inconsciente do sujeito. Ver Winnicott (1975, pp. 34-35), ver também Capítulo 1: a subseção "algumas relações entre os conceitos psicanalíticos e o tema proposto" (p. 66).

Fantasias depressivas: São as fantasias relacionadas à posição depressiva que envolvem a possibilidade de tolerar as frustrações, as perdas, o luto e a capacidade de reparação. Ver também *Posição depressiva* e *Ansiedade depressiva*.

Fantasias inconscientes: As fantasias inconscientes estão subjacentes a todo processo mental e acompanham toda atividade mental. Algumas fantasias inconscientes poderiam ser o conteúdo ideacional vinculado a alguns impulsos que foram reprimidos. Elas procurarão ganhar expressão na consciência por meio da associação de pensamentos oníricos latentes disponíveis e os resíduos diurnos, como no caso de qualquer outro impulso inconsciente reprimido (Hinshelwood, 1992, p. 46). As escolhas e as atividades profissionais contêm em si desejos e fantasias inconscientes que buscam realização na vida diurna.

Fantasias onipotentes: As fantasias iniciais de receber em si e expelir são experienciadas pelo bebê como reais e darão origem a uma "alteração do *ego*" concreta. Esses mecanismos onipotentes iniciais são, portanto, responsáveis por desenvolvimentos reais no *self* e no *ego*. Na fantasia, acredita-se que certos objetos residam dentro e formem uma parte do *self*: exemplificando, um objeto "bom" introjetado, com um consequente desenvolvimento real de um sentido de segurança e confiança. A perda concretamente sentida do objeto interno bom tem efeitos opostos. O objeto mau experienciado internamente é sentido como uma ameaça paranoide à vida. As fantasias onipotentes ingressam na constituição psicológica por diversas maneiras (Hinshelwood, 1992, pp. 396-397).

Fantasmática: Imaginário, conjunto de fantasias.

Fonte: A noção de fonte está contida na definição de pulsão: processo dinâmico que consiste numa pressão ou força (carga energética, fator de motricidade) que faz tender o organismo para um alvo. Segundo Freud, uma pulsão tem a sua fonte numa excitação corporal (estado de tensão); o seu alvo é suprimir o estado de tensão que reina na fonte pulsional; é no objeto ou graças a ele que a pulsão pode atingir o seu alvo (*apud* Laplanche & Pontalis, 1977, p. 506). Utilizo o termo fonte inconsciente no sentido de fonte pulsional.

Fusão: Termo usado por Freud, no quadro da sua última teoria das pulsões, para descrever as relações das pulsões de vida e das pulsões de morte como se traduzem nesta ou naquela manifestação concreta. A fusão das pulsões é uma verdadeira mistura em que cada um dos dois componentes pode entrar em proporções variáveis; a desfusão designa um processo cujo limite redundaria num funcionamento separado das duas espécies de pulsões, em que cada uma procuraria atingir o seu próprio alvo de forma independente (Laplanche & Pontalis, 1977, p. 266).

*Id*: O *id* é a instância psíquica constituída pelas "pulsões de vida e morte, amor e ódio, cujos conteúdos são inconscientes; onde se localizam as fontes primitivas que contêm as paixões e os desejos do homem". Em contraponto ao *id* está o *ego*, vinculado à realidade, embora dependente do *superego* e do *id*. "O ego surge como um fator de ligação dos processos psíquicos com a realidade externa, mobilizando mecanismos de defesa necessários para que o indivíduo transforme em realidade seus desejos" (Laplanche & Pontalis, 1977, p. 171). Ver Capítulo 1, p. 68.

*Ideal do ego*: Instância da personalidade resultante da convergência do narcisismo (idealização do *ego*) e das identificações com os pais, com os seus substitutos e com os ideais coletivos. Enquanto instância diferenciada, o *ideal do ego* constitui um modelo ao qual o indivíduo procura conformar-se (Laplanche & Pontalis, 1977, p. 289).

Idealização: Processo psíquico pelo qual as qualidades e o valor do objeto são levados à perfeição. A identificação com o objeto idealizado contribui para a formação e para o enriquecimento das chamadas instâncias ideais da pessoa (*ego ideal*, *ideal do ego*) (Laplanche & Pontalis, 1977, pp. 191-192). Ver Capítulo 1, p. 57.

Identificação primária/Identificação secundária: A identificação primária é descrita por Laplanche e Pontalis (1977) como:

> *Um modo primitivo de constituição do indivíduo, segundo o modelo do outro, que não é secundário a uma relação previamente estabelecida, em que o objeto estaria inicialmente situado como independente. A identificação primária é estritamente correlativa da chamada relação de incorporação oral. (p. 295)*

A identificação primária opõe-se às identificações secundárias que se vêm sobrepor, não apenas na medida em que ela é a primeira cronologicamente, mas também em que não se teria estabelecido consecutivamente a uma relação de objeto propriamente dita e que seria a forma primeira do laço afetivo com o objeto (Freud, 1976l). Na identificação secundária o modelo não é mais o outro, mas traços que lhe são tomados de empréstimo (Laplanche & Pontalis, 1977).

Ilusão:

> *Em algum ponto teórico, no começo do desenvolvimento de todo indivíduo humano, um bebê, em determinado*

> *setting proporcionado pela mãe, é capaz de conceber a ideia de algo que atenderia crescente necessidade que se origina da tensão pulsional. [...] A adaptação da mãe às necessidades do bebê, quando suficientemente boa, dá a este a ilusão de que existe uma realidade externa correspondente à sua própria capacidade de criar. Em outras palavras, ocorre uma sobreposição entre o que a mãe proporciona e o que a criança poderia conceber. [...] Psicologicamente, o bebê recebe de um seio que faz parte dele e a mãe dá leite a um bebê que é parte dela mesma. Em psicologia, a ideia de intercâmbio baseia-se numa ilusão. (Winnicott, 1975, pp. 402-403)*

Impulsos destrutivos: Designa, para Freud, as pulsões de morte enquanto voltadas para o exterior. O alvo da pulsão de agressão é a destruição do objeto. Denominação usada por Freud para designar as pulsões de morte numa perspectiva mais próxima da experiência biológica e psicológica. Às vezes, a sua extensão é a mesma da expressão "pulsão de morte", mas, na maior parte dos casos, qualifica a pulsão de morte enquanto orientada para o mundo exterior. Nesse sentido mais específico, Freud usa também a expressão "pulsão agressiva" (*Aggressionstrieb*) (Laplanche & Pontalis, 1977, pp. 510-511).

Inconsciente: A ideia do inconsciente é um dos poucos conceitos que permaneceram relativamente estáveis no decurso da evolução de todas as escolas de psicanálise. Concebe-se o sistema como primitivamente ativo desde o começo, como uma influência desconhecida, mas, apesar disso, dominadora sobre a vida da pessoa. É um fato para a psicanálise que a maior parte da vida mental não é acessível à mente consciente (Freud, 1976j). O adjetivo inconsciente é, por vezes, usado para exprimir o conjunto dos conteúdos não presentes no campo atual da consciência, isto num sentido descritivo e não tópico, quer dizer, sem se fazer descriminação entre os conteúdos dos sistemas pré-conscientes e inconsciente. No sentido tópico, inconsciente designa um dos sistemas definidos por Freud, no quadro da sua primeira teoria do aparelho psíquico: é constituído por conteúdos recalcados, aos quais foi recusado o acesso ao sistema pré-consciente-consciente pela ação do recalcamento. Podemos resumir do seguinte modo as características essenciais do inconsciente como sistema (ou *Ics*):

- os seus conteúdos são representantes das pulsões;
- estes conteúdos são regidos pelos mecanismos específicos do processo primário, nomeadamente a condensação e o deslocamento;
- fortemente investidos pela energia pulsional, procuram retornar à consciência e à ação (retorno do recalcado); mas não podem ter acesso ao sistema Pcs-Cs, senão nas formações de compromisso, depois de terem sido submetidos às deformações da censura;
- são mais especialmente certos desejos da infância que conhecem uma fixação no inconsciente.

No quadro da segunda tópica freudiana, o termo inconsciente é sobretudo usado na sua forma adjetiva; efetivamente, inconsciente deixa de ser o que é próprio de uma instância especial, visto que qualifica o *id* e, em parte, o *ego* e o *superego*. Mas convém notar que:

- as características reconhecidas na primeira tópica ao sistema Ics são, de um modo geral, atribuídas ao *id* na segunda;
- a diferença entre o pré-consciente e o inconsciente, embora já não esteja baseada numa distinção intersistêmica, persiste como distinção intrassistêmica (o *ego* e o *superego*

são em parte pré-conscientes e em parte inconscientes) (Laplanche & Pontalis, 1977, p. 306)

Libido: Energia postulada por Freud como substrato das transformações da pulsão sexual quanto ao objeto (deslocamento dos investimentos), quanto ao alvo (sublimação, por exemplo) e quanto à fonte da excitação sexual (diversidade das zonas erógenas). Em Jung, a noção de libido alargou-se a ponto de designar a energia psíquica em geral, presente em tudo o que é "tendência para", *appetitus* (Laplanche & Pontalis, 1977, p. 343). Entenda-se bem o que Freud quer dizer com sexual: em seu pensamento, sexual não se confunde com genital. A sexualidade genital refere-se precisamente à cópula com o objetivo de procriar ou de obter prazer orgástico. Mas a sexualidade é mais ampla que a sexualidade genital. Inclui as preliminares do ato sexual, as perversões, as experiências sensuais da criança vividas em relação ao seu próprio corpo ou em contato com o corpo da mãe. A amamentação, nesse sentido, é entendida já como uma experiência sexual, geradora de prazer para a criança, que suga, e até mesmo para a mãe, que amamenta. Não se veja aí qualquer sinal de perversão no sentido usual do termo, e, sim, um exercício prazeroso que o contato corporal proporciona (Kupfer, 1988, p. 39).

Lutas e conflitos psíquicos: Em psicanálise, fala-se de um conflito quando, no indivíduo, opõem-se exigências internas contrárias. O conflito pode ser manifesto (entre um desejo e uma exigência moral, por exemplo, ou entre dois sentimentos contraditórios) ou latente, que pode exprimir-se de forma deformada no conflito manifesto e traduzir-se designadamente pela formação de sintomas, desordens do comportamento, perturbações do caráter etc. A psicanálise considera o conflito como constitutivo do ser humano em diversas perspectivas: conflito entre o desejo e a defesa, conflito entre os diferentes sistemas ou instâncias, conflitos entre as pulsões e, por fim, o conflito edipiano, no qual não apenas se defrontam desejos contrários, mas estes enfrentam a interdição (Laplanche & Pontalis, 1977, p. 131).

Narcisismo: Em referência ao mito de Narciso, amor que se tem pela imagem de si mesmo. O narcisismo primário designa um estado precoce em que a criança investe toda sua libido em si mesma. O narcisismo secundário designa um retorno ao *ego*, da libido retirada dos seus investimentos objetais (Laplanche & Pontalis, 1977, p. 368).

Objetos internos: O termo denota a experiência ou a fantasia inconsciente localizada no interior do *ego* (corpo), que possui seus próprios motivos e intenções para com o *ego* e outros objetos. Os objetos internos contribuem de modo significativo, porém por meio de projeções, para a maneira pela qual os objetos externos são, eles próprios, percebidos e experienciados (Hinshelwood, 1992, p. 82).

Onipotência: Os estágios iniciais da primeira infância são caracterizados por pensamentos, sentimentos e fantasias onipotentes. Para Klein, a importância da onipotência estava ligada a temores de uma destrutividade onipotente e ao fato de que certas atividades de fantasia, especialmente as envolvidas nos mecanismos primitivos de defesa (absorver, expelir, aniquilar), têm efeitos profundos e permanentes sobre o desenvolvimento do *ego* e suas relações objetais características. Klein considerava estas fantasias onipotentes como defesas contra a experiência da separação, dependência e inveja (Hinshelwood, 1992, p. 396).

Paixão: Ver Capítulo 1: no campo do Vernáculo (p. 51), o *Novo dicionário da língua portuguesa* (Ferreira, 1986), assim define:

> *Paixão. (do latim* passio, nis*). Sentimento ou emoção levados a um alto grau de intensidade, sobrepondo-se à lucidez e à razão. Amor ardente; inclinação afetiva e sensual intensa. Afeto dominador e cego; obsessão. Entusiasmo muito vivo por alguma coisa. Atividade, hábito ou vício dominador. Objeto da paixão. Desgosto, mágoa, sofrimento. Arrebatamento, cólera. Disposição contrária ou favorável a alguma coisa, e que ultrapassa os limites da lógica; parcialidade marcante; fanatismo, cegueira. A expressão de sensibilidade ou entusiasmo do artista que se manifesta numa obra de arte; calor, emoção. (p. 1248)*

Ver, também, no campo da Filosofia p. 33; da Sociologia p. 42; e da Psicanálise p. 53.

Perversão: Desvio em relação ao ato sexual normal, sendo este compreendido como o coito que visa à obtenção do orgasmo por penetração genital com uma pessoa do sexo oposto. Diz-se que existe perversão quando o orgasmo é obtido com outros objetos sexuais (homossexualidade, pedofilia, bestialidade etc.), ou por outras zonas corporais (coito anal, por exemplo) e quando o orgasmo está subordinado de forma imperiosa a certas condições extrínsecas (fetichismo, travestismo, escoptofilia, exibicionismo, sadomasoquismo etc.); estas podem mesmo proporcionar, por si sós, o prazer sexual. De forma mais global, designa-se por perversão o conjunto do comportamento psicossexual que acompanha tais atipias na obtenção do prazer sexual (Laplanche & Pontalis, 1977, p. 432).

Posição depressiva: A confluência de ódio e amor na direção do objeto dá origem a uma tristeza particularmente pungente que Klein chamou de "ansiedade depressiva" (ou "anseio", "anelo", em inglês, "*pining*"). Ela expressa a forma de culpa mais arcaica e angustiada, devido a sentimentos ambivalentes para com um objeto. O bebê, em certo estágio (normalmente dos 4 aos 6 meses de vida), já se acha física e emocionalmente maduro para integrar suas percepções fragmentadas da mãe, reunindo as versões (*imagos*) boas e más que anteriormente experienciou. Quando tais objetos parciais são reunidos num todo, eles ameaçam formar um objeto total contaminado, danificado ou morto. A ansiedade depressiva é o elemento decisivo dos relacionamentos maduros, a fonte dos sentimentos generosos e altruístas que são devotados ao bem-estar do objeto. Na posição depressiva, são mobilizados esforços para maximizar o aspecto amoroso do relacionamento ambivalente com o objeto total danificado (reparação), mas também o são os mecanismos de defesa. Esses compreendem a constelação de defesas paranoides (originalmente chamada por Klein de "posição paranoide" e posteriormente abandonada) e as defesas maníacas (Hinshelwood, 1992, p. 152).

Posição esquizoparanoide: Um estado mental mais arcaico, no qual a ansiedade persecutória está presente como um processo que ameaça fragmentar (e fragmenta) a mente. A gravidade dela afeta a passagem para a posição depressiva, porque a integridade da mente é seriamente perturbada. Os processos de cisão tipicamente conduzem à projeção de partes do *self* ou do *ego* (identificação projetiva) para dentro de objetos, com um efeito esvaziador sobre o *self*. Este *self* esvaziado tem então dificuldades com a introjeção e a identificação introjetiva. Esta posição foi descrita em 1946 e constituiu modificação profunda das descrições anteriores, feitas por Klein, dos estados persecutório e paranoide (Hinshelwood, 1992, p. 170).

Princípio de realidade: É o segundo princípio que rege o funcionamento mental. Forma par com o princípio do prazer e modifica-o, na medida em que consegue impor-se como princípio regulador.

Princípio do prazer: É um dos dois princípios que regem o funcionamento mental. A atividade psíquica no seu conjunto tem por objetivo evitar o desprazer e proporcionar prazer.

Processo primário – Processo secundário:

> *Os dois modos de funcionamento do aparelho psíquico, tais como foram definidos por Freud. Podemos distingui-los radicalmente: a) do ponto de vista tópico: o processo primário caracteriza o sistema inconsciente e o processo secundário caracteriza o sistema pré-consciente-consciente; b) do ponto de vista econômico-dinâmico: no caso do processo primário, energia psíquica escoa-se livremente, passando sem barreiras de uma representação para outra, segundo mecanismos de deslocamento e de condensação; tende a reinvestir plenamente as representações ligadas às vivências de satisfação constitutivas do desejo (alucinação primitiva). No caso do processo secundário, a energia começa por estar "ligada" antes de se escoar de forma controlada; as representações são investidas de uma maneira mais estável, a satisfação é adiada, permitindo assim experiências mentais que põem à prova os diferentes caminhos possíveis de satisfação. A oposição entre processo primário e processo secundário*

> *é correlativa da oposição entre princípio de prazer e princípio de realidade. (Laplanche & Pontalis, 1977, p. 474)*

Psicologia da criação: H. Hönigsztejn, a respeito da psicologia da criação, conclui:

> *Poder enxergar a obra como resultado de um processo interno no criador que por mais carregado de vivências tanáticas, conforme cada um, por maiores graus de sofrimento que possam existir no seu desenrolar, surge ao final como algo que dá prazer, dá vida. O criador nos ensina pela obra que o instinto de morte em alto grau de sua possibilidade de expressão pode ser contido, e isso nos integra, assim como o criador o é pelo processo criativo, reprodução de um primeiro processo, no qual a mãe lhe permitiu ser, ao qual volta, quando diante de uma forte ansiedade. (Hönigsztejn, 1990, p. 102)*

Pulsão: É a palavra criada para traduzir *Trieb*, substantivo que corresponde ao verbo *treiben*, que significa impulsionar, impelir. A melhor tradução seria impulso, no entanto; na literatura brasileira, foi traduzida por impulso e não deve ser confundida com instinto. Instinto tem um compromisso claro com a biologia, com um correspondente processo programado no corpo. Pulsão é o termo empregado por Freud como conceito-limite entre o somático e o psíquico. Isso porque a origem, a fonte da pulsão, é somática (uma região do corpo); porém, ela é sobretudo psíquica ao apresentar-se ao indivíduo por meio dos representantes das pulsões, que são as imagens que chegam a ele para informá-lo do que se passa em seu corpo. Para Freud, o jogo entre as pulsões de vida e de morte é determinante da constituição do psiquismo (Kupfer, 1988, p. 39). A pulsão é também um processo dinâmico que consiste numa pressão ou força (carga energética, fator de motricidade) que faz tender o organismo para um alvo. Segundo Freud, uma pulsão tem a sua fonte numa excitação corporal (estado de tensão); o seu alvo é suprimir o estado de tensão que reina na fonte pulsional; é no objeto, ou graças a ele, que a pulsão pode atingir o seu alvo (Laplanche & Pontalis, 1977, p. 506).

Relações objetais: Expressão usada com muita frequência na psicanálise contemporânea para designar o modo de relação do indivíduo com o seu mundo, relação que é o resultado complexo e total de uma determinada organização da personalidade, de uma apreensão mais ou menos fantasmática dos objetos e de certos tipos privilegiados de defesa. Fala-se das relações de objeto de um dado indivíduo, mas também de tipos de relações de objeto, ou em referência a momentos evolutivos (por exemplo, relação de objeto oral) ou à psicopatologia (por exemplo, relação de objeto melancólica) (Laplanche & Pontalis, 1977, p. 576).

*Self*: É utilizado por Melanie Klein para abranger a totalidade da personalidade, que inclui não apenas o ego, mas também a vida pulsional que Freud chamou de *id*; já o *ego* é a parte organizada do *self* (Hinshelwood, 1992, p. 249).

*Setting* analítico: É o espaço delimitado pela relação analítica, entre o paciente e o psicanalista, onde se estabelece um contrato em que se autoriza ao analista interpretar. Também compreende o lugar, o horário, o número de sessões semanais e as características físicas da sala de atendimento.

*Superego*: É a instância da personalidade cujo papel é assimilável ao de um juiz ou de um censor em relação ao *ego*. Freud vê na consciência moral, na auto-observação, na formação de ideais, funções do *superego*. É herdeiro do complexo de Édipo; constitui-se por interiorização das exigências e das interdições parentais (Laplanche & Pontalis, 1977, p. 643).

Tânatos: Termo de origem grega que significa morte, às vezes é utilizado para designar as pulsões de morte, por simetria com o termo "Eros"; o seu emprego sublinha o caráter radical do dualismo pulsional, conferindo-lhe um significado quase mítico (Laplanche & Pontalis, 1977, p. 651).

# Referências


Alberoni, F. (1988). *Enamoramento e amor*. Rocco.

Allen, W. (1989). *Crimes e Pecados* (Crimes and Misdemeanors).

Aulagnier, P. (1967). Le désir de savoir dans ses rapports à la trans-gression. *L'Inconscient*, (1).

Aulagnier, P. (1979). *A violência da interpretação*. Imago.

Aulagnier, P.(1985). *Os destinos do prazer*. Imago.

Aulete, C. (1958) *Dicionário contemporâneo da língua portuguesa*. Delta.

Barthes, R. (1988). *Fragmentos de um discurso amoroso*. Francisco Alves.

Bleger, J. (1980). *Temas de psicologia*. Martins Fontes.

Bohoslavsky, R. (1980). *Orientação vocacional: a estratégica clínica*. Martins Fontes.

Chauí, M. (1978). *Ideologia e mobilização popular*. Cedec; Paz e Terra.

Costa, J. F. (1986). Saúde mental, produto da educação?. In J. F. Costa, *Violência e psicanálise*. Graal.

Costa, A. M. N. (1987). *Sujeito e cotidiano: um estudo da dimensão psicológica do social*. Campus.

Cueli, J. (1973). *Vocación y afectos*. Limusa-Wiley.

Dantas Jr., A. (1991). Psicanálise: impasses da transmissão. In Grupo de Estudo Psicanalítico do Recife, fevereiro, 1991.

Dorey, R. (1989). *Le désir de savoir*. Denoel.

Eizirik, C. L. (1991). Da teoria à clínica: a questão da neutralidade e suas repercussões transferênciais e contratransferênciais. [Apresentação] In XIII Congresso Brasileiro de Psicanálise, São Paulo, Brasil.

Ferreira, A. B. H. (1986). *Novo dicionário da língua portuguesa*. Nova Fronteira.

Figueiredo, L. C. (2006). A questão do sentido, a intersubjetividade e as teorias das relações de objeto. *Revista Brasileira de Psicanálise, 39*(4), 79-88.

Fohr, A. (1990). Professores, a gente os ama. *Le Nouvel Observateur*.

Freire, P. (1989). À sombra das mangueiras também se aprende. In M. Gadotti, *Convite à leitura de Paulo Freire*. São Paulo: Scipione.

Freud, S. (1976a). A dinâmica da transferência. In *Edição Standard Brasileira das Obras Psicológicas Completas de Sigmund Freud* (v. XII). Imago.

Freud, S. (1976b). A interpretação dos sonhos. In *Edição Standard Brasileira das Obras Psicológicas Completas de Sigmund Freud* (v. IV-V). Imago.

Freud, S.(1976c). Além do princípio do prazer. In *Edição Standard Brasileira das Obras Psicológicas Completas de Sigmund Freud* (v. XVIII). Imago.

Freud, S. (1976d). Algumas reflexões sobre a psicologia do escolar. In *Edição Standard Brasileira das Obras Psicológicas Completas de Sigmund Freud* (v. XIII). Imago.

Freud, S. (1976e). Conferências introdutórias sobre psicanálise. In *Edição Standard Brasileira das Obras Psicológicas Completas de Sigmund Freud* (v. XVI). Imago.

Freud, S. (1976f). Leonardo Da Vinci e uma lembrança de sua Infância. In *Edição Standard Brasileira das Obras Psicológicas Completas de Sigmund Freud* (v. XI). Imago.

Freud, S. (1976g). Novas leituras introdutórias. In *Edição Standard Brasileira das Obras Psicológicas Completas de Sigmund Freud* (v. XXII). Imago.

Freud, S. (1976h). O ego e o id. In *Edição Standard Brasileira das Obras Psicológicas Completas de Sigmund Freud* (v. XIX). Imago.

Freud, S. (1976i). O mal-estar na civilização. In *Edição Standard Brasileira das Obras Psicológicas Completas de Sigmund Freud* (v. XXI). Imago.

Freud, S. (1976j). Os instintos e suas vicissitudes. In *Edição Standard Brasileira das Obras Psicológicas Completas de Sigmund Freud* (v. XIV). Imago.

Freud, S. (1976l). Psicologia de grupo e análise do ego. In *Edição Standard Brasileira das Obras Psicológicas Completas de Sigmund Freud* (v. XVIII). Imago.

Freud, S. (1976m). Sobre o narcisismo: uma introdução. In *Edição Standard Brasileira das Obras Psicológicas Completas de Sigmund Freud* (v. XIV). Imago.

Freud, S. (1976n). Três ensaios para uma teoria sexual. *In Edição Standard Brasileira das Obras Psicológicas Completas de Sigmund Freud* (v. VII). Imago.

Green, A. (1988a). *Sobre a loucura pessoal.* Imago.

Green, A. (1988b). *Narcisismo de vida, narcisismo de morte.* Escuta.

Herrigel, E. (1987). *A arte cavalheiresca do arqueiro Zen.* Pensamento.

Herrmann, F. (1991). *Clínica psicanalítica: a arte da interpretação.* Brasiliense.

Hinshelwood, R. D. (1992). *Dicionário do pensamento kleiniano.* Artes Médicas.

Hönigsztejn, H. (1987). Paixão e preguiça. *Boletim Científico da Sociedade Brasileira de Psicanálise do Rio de Janeiro, I*(1).

Hönigsztejn, H. (1990). *Psicologia da criação.* Imago.

Houaiss, A. et al. (2001). *Dicionário Houaiss da língua portuguesa* (1ª ed). Objetiva.

Japiassu, H. (1977). *Introdução à epistemologia da psicologia.* Imago.

Japiassu, H. (1978). *Nascimento e morte das ciências humanas.* Francisco Alves.

Japiassu, H. (1983). *A pedagogia da incerteza.* Rio de Janeiro: Imago.

Jaques, E. (1990). Morte e crise da meia-idade. In E. B. Spillius, *Melanie Klein hoje: desenvolvimento da teoria e da técnica* (pp. 248-270). Imago.

Kaës, R. (1984). Quatre études sur la fantasmatique de la formation et le désir de former. In R. Kaës & D. Anzieu, *La fantamastique de la formation.* Dunod.

Kehl, M. R. (1987). A psicanálise e o domínio das paixões. In Cardoso, S. et al., *Os sentidos da paixão.* Companhia das Letras.

Klein, M. (1975a). Amor, ódio e reparação. Rio de Janeiro: Imago.

Klein, M. (1975b). Sobre a identificação (1955). In *O sentimento de solidão* (pp. 169-204). Imago.

Klein, M. (1981a). *Contribuições à psicanálise.* Mestre Jou.

Klein, M. (1981b). *Psicanálise da criança.* Mestre Jou.

Klein, M. (1991). Notas sobre alguns mecanismos esquizoides. In *Inveja e gratidão e outros trabalhos (1946-1963).* Imago.

Kristeva, J. (1988). *Histórias de amor.* Paz e Terra.

Kupfer, M. C. M. (1982). *Relação professor-aluno: uma leitura psicanalítica* [Dissertação de mestrado]. Instituto de Psicologia da Universidade de São Paulo.

Kupfer, M. C. M. (1988). *Freud e a educação: o mestre do impossível.* Scipione.

Kupfer, M. C. M. (1990). *O desejo de saber: um estudo psicanalítico para educadores.* [Tese de doutorado]. Instituto de Psicologia da Universidade de São Paulo.

Laplanche, J. (1988). *Teoria da sedução generalizada e outros ensaios.* Artes Médicas.

Laplanche, J., & Pontalis, J. B. (1977). *Vocabulário de psicanálise.* Moraes.

Lebrun, G. (1987). O conceito de paixão. In S. Cardoso et al., *Os sentidos da paixão.* Companhia das Letras.

Maître, J. (1988). Sociologia da ideologia e entrevista não-diretiva. In M. Thiollent, *Crítica metodológica, investigação social e enquete operária.* Polis.

Melo Franco Filho, O. (1992). *Mudança psíquica do analista: da neutralidade à transformação* [Apresentação]. In XIX Congresso Latino-Americano de Psicanálise, Uruguai.

Mezan, R. (1982). *Freud: A trama dos conceitos*. Perspectiva.

Mezan, R. (1984). *Freud, pensador da cultura*. Brasiliense.

Mezan, R. A Inveja. (1987). In S. Cardoso et al., *Os sentidos da paixão*. Companhia das Letras.

Mezan, R. (1988). *A vingança da esfinge: ensaios de psicanálise*. Brasiliense.

Michelat, G. (1987). Sobre a utilização da entrevista não-diretiva em sociologia. In M. Thiollent, *Crítica metodológica, investigação social e enquete operária*. Polis.

Millot, C. (1987). *Freud antipedagogo*. Zahar.

Mora, J. F. (1987). *Diccionario de filosofia de bolsillo*. Alianza.

Morgado, M. A. (1989). *Ensaio da sedução na relação pedagógica* [Dissertação de mestrado]. Setor de Pós-Graduação da Psicologia Social da PUC-SP.

Nagera, H. (1969a). *Metapsicologia, conflitos, ansiedade e outros temas*. Cultrix.

Nagera, H. (1969b). *Teoria dos instintos*. Cultrix.

Nagera, H. (1970). *Teoria da libido*. Cultrix.

Nagera, H. (1990). *Teoria dos sonhos*. Cultrix.

Pessoa, F. (1990) *Obra poética*. Nova Aguilar.

Pimenta, S. G. (1981). *Orientação vocacional e decisão: estudo crítico da situação no Brasil*. Loyola.

Petitjean, G. (1990). Quem instruirá nossas crianças?. *Le Nouvel Observateur*.

Popper, K. (1989). *Em busca de um mundo melhor*. Fragmentos.

Rosenfeld, H. (1962). The superego and the ego-ideal. *International Journal Psychoanalytic, 43*, 258-263.

Saviani, D. (1981). Uma concepção de mestrado em educação — Comunicação apresentada na II reunião científica da ANPED, Fortaleza. In S. G. Pimenta, *Orientação vocacional e decisão: estudo crítico da situação no Brasil*. Loyola.

Searles, H. (1981). O esforço para enlouquecer o outro: um elemento na etiologia e na psicoterapia da esquizofrenia. In S. A. Figueira & G. Velho, *Família, psicologia e sociedade*. Campos.

Segal, H. (1982). Uma abordagem psicanalítica da estética. In H. Segal, *A obra de Hanna Segal*. Imago.

Sandler, J. (1989). *Projeção, identificação, identificação projetiva*. Artes Médicas.

Silva, M. C. P. (1991). A paixão de formar: uma contribuição psicanalítica à psicologia da educação [Dissertação de mestrado]. Setor de Pós-Graduação da PUC-SP.

Silva, M. C. P. (1992). Nada e paixão: acerca do que vem a ser o psicanalista. *Jornal de Psicanálise, 25*(49).

Silva, M. C. P. (2007). Paixão de cuidar: força motriz na identidade e na praxis do psicólogo. *Revista da Sociedade de Psicologia do Rio Grande do Sul, 6*, 9-24.

Thiollent, M. J. M. (1987). *Crítica metodológica, investigação social e enquete operária*. Polis.

Touranie, A. (1990). Carta aberta a Lionel Jospin. *Le Nouvel Observateur*.

Winnicott, D. W. (1975). *O brincar e a realidade*. Imago.

Winnicott, D. W. (1988). *Textos selecionados da pediatria à psicanálise*. Francisco Alves.

# Agradecimentos

Aos professores apaixonados que me cederam as entrevistas, material tão valioso.

Ao meu orientador, Renato Mezan, por toda a contribuição no processo que tornou possível esta ideia.

Ao professor Paulo Freire, em especial, por todo seu entusiasmo e sua ajuda preciosa.

A Izelinda Barros, pelo acolhimento.

A Fabio Herrmann, por todas as possibilidades de trocas e aprendizagem dadas inclusive na defesa de tese.

A Maria Laura Barbosa Franco, pelas contribuições enriquecedoras durante sua arguição.

A Maria Cristina Kupfer e a Hernâni Donato, por terem aberto caminhos para este trabalho.

Ao Dr. Darcy de Mendonça Uchoa, pelos caminhos que descobrimos juntos.

A Maria Olympia de A. F. França, pela paixão com que compartilhou o nascimento deste livro.

Aos meus professores que mantiveram acesa em mim a paixão de formar.

Foram muitos os amigos que fizeram parte deste percurso, a todos eles, um agradecimento especial.

E, finalmente, a meus pais, que também foram professores apaixonados e que desde o início me deram a chama desta paixão.